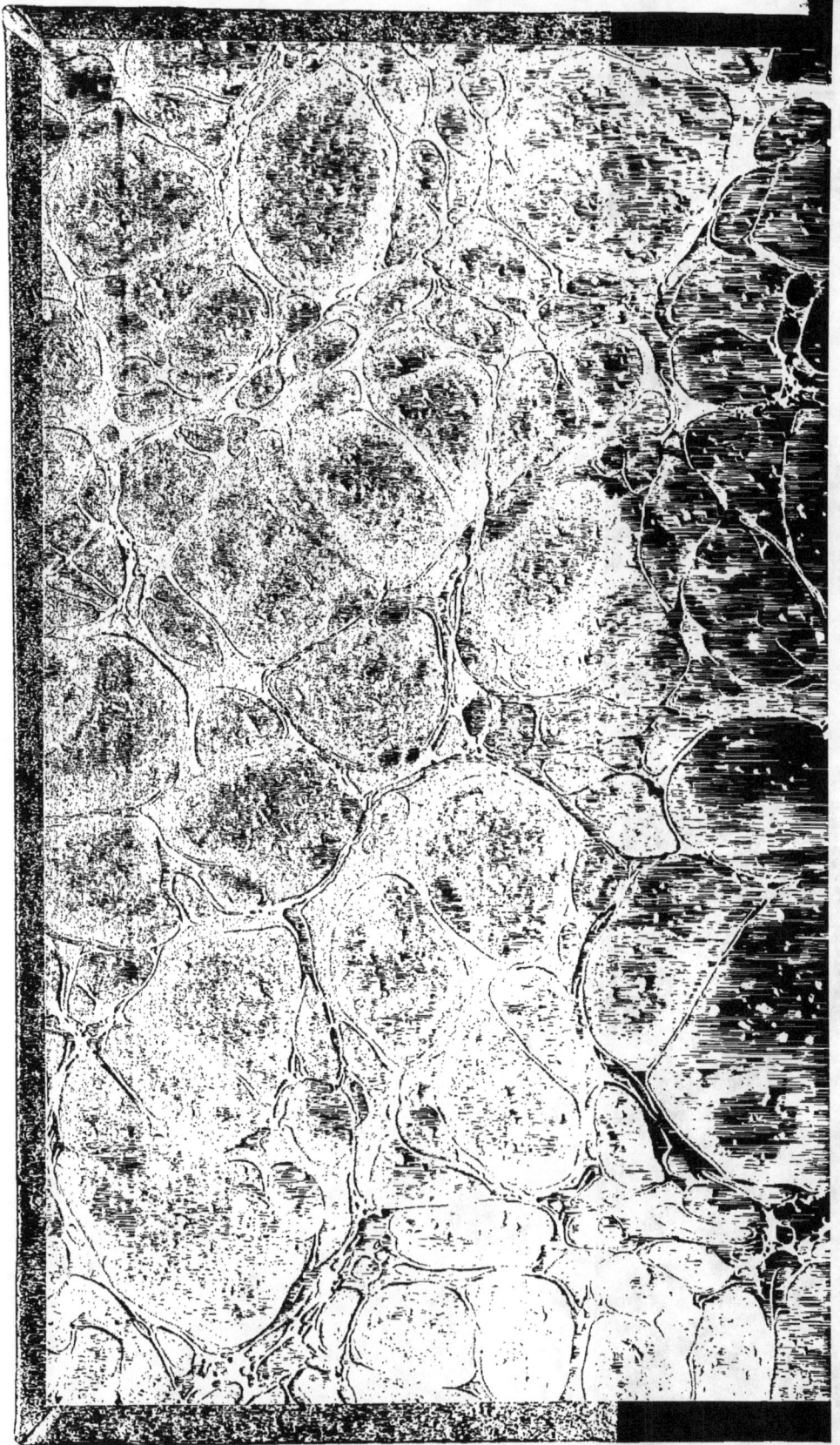

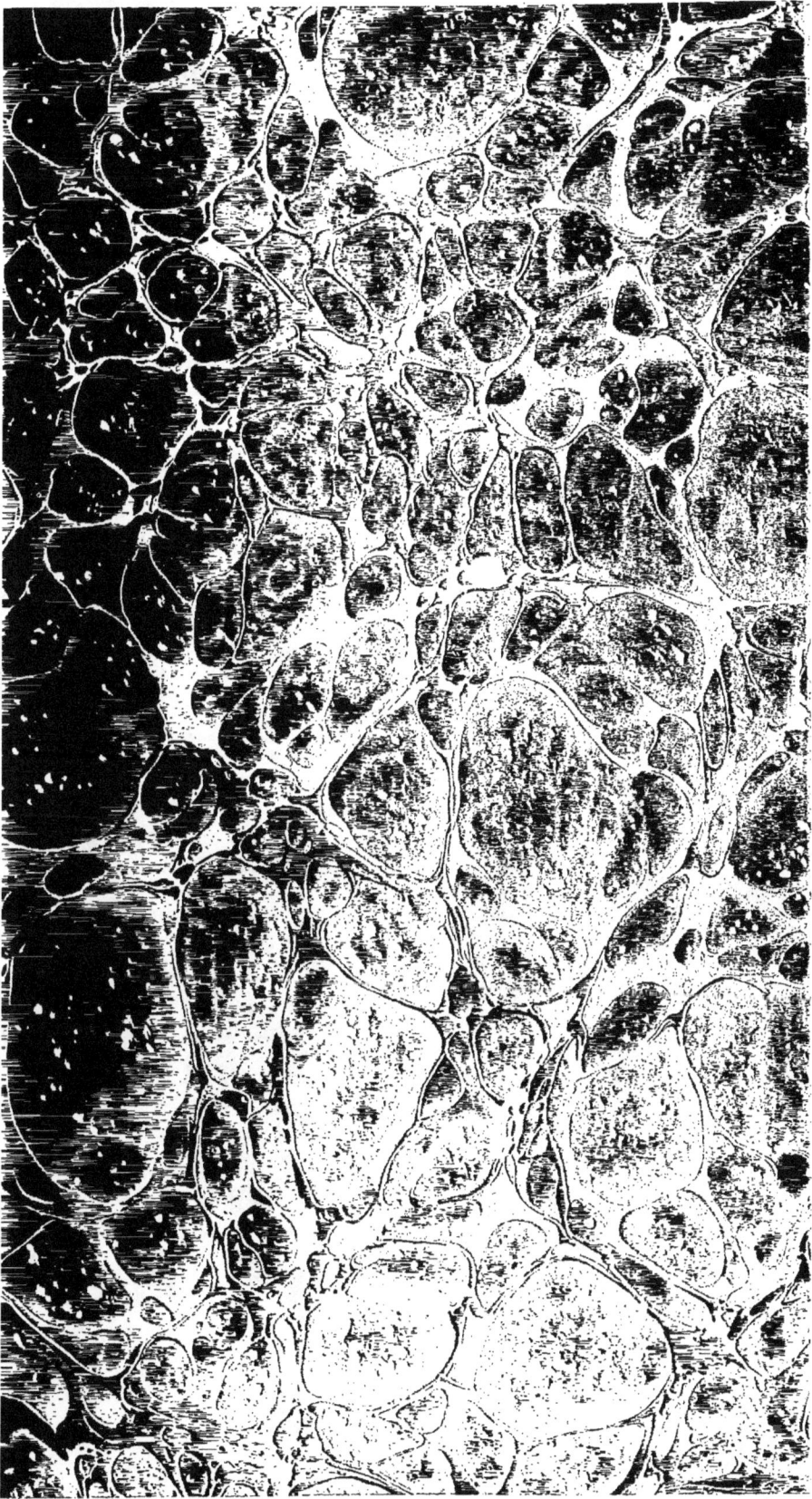

ÉTUDE

SUR LA RHÉTORIQUE

D'ARISTOTE.

903

X

26226

ÉTUDE

SUR

LA RHÉTORIQUE

D'ARISTOTE,

Par ERNEST HAVET,

MAITRE DE CONFÉRENCES A L'ÉCOLE NORMALE,

ANCIEN ÉLÈVE DE CETTE ÉCOLE,

AGRÉGÉ ET SUPPLÉANT A LA FACULTÉ DES LETTRES DE PARIS.

Αἱ γὰρ πίστεις ἔντεχνόν ἐστι μόνον,
τὰ δ' ἄλλα προσθῆκαι.
ARISTOTE. *Rhét.*, 1, 1.

PARIS.

IMPRIMERIE ET LIBRAIRIE CLASSIQUES

De JULES DELALAIN,

IMPRIMEUR DE L'UNIVERSITÉ ROYALE DE FRANCE,

RUE DES MATHURINS SAINT-JACQUES, 5.

M DCCC XLVI.

AVERTISSEMENT.

Cette Étude sur la Rhétorique d'Aristote est une thèse soutenue en 1843 devant la Faculté des Lettres de Paris. Elle n'a été tirée alors qu'à un petit nombre d'exemplaires. L'opinion exprimée, à l'examen même, par le doyen de la Faculté, que mon travail pouvait être utile aux candidats à la Licence qui lisent la Rhétorique d'Aristote, me fit penser, dès cette époque, à la réimprimer. J'y ai été encore encouragé depuis par un article infiniment bienveillant de la Revue de l'Instruction Publique [1]. Je m'y suis déterminé cette année, en lisant les questions proposées par le Conseil Royal aux candidats à l'agrégation des classes supérieures, parmi lesquelles se trouve celle-ci : « Rechercher dans la Rhétorique d'Aristote.... les préceptes applicables à la composition oratoire et à l'art d'écrire chez les modernes. »

J'ai corrigé soigneusement mon écrit pour cette publication nouvelle, et j'y ai fait plusieurs additions. Les membres de la Faculté, et les personnes qui, en dehors de la Faculté, ou de l'Université même, ont bien voulu lire ma thèse, et y prendre quelque intérêt, reconnaîtront que je me suis efforcé de satisfaire à leurs objections et à leurs critiques. J'ai cru pouvoir ajouter à l'Étude sur la Rhétorique d'Aristote une *composition* faite au concours de l'agrégation pour les Facultés des Lettres (1844), en réponse à cette question : « Quelle place peuvent occuper encore

1. Par M. Egger, octobre 1843.

aujourd'hui, dans l'enseignement public des lettres, les anciens préceptes de poésie et d'éloquence, auxquels a généralement succédé l'étude historique des écrivains et de leurs ouvrages? » Ce morceau m'a paru se rattacher naturellement au sujet traité dans ma thèse.

On lit dans la Bibliothèque française de l'abbé Goujet, tome Ier (1741), page 321 : « Il ne serait peut-être pas inu-
« tile, avant de lire la traduction dont je viens de parler
« (celle de la Rhétorique d'Aristote par Cassandre), de
« consulter le *Génie de la Rhétorique d'Aristote*, imprimé
« in-12, à Paris, chez D'Houry. Cet ouvrage peut servir à
« faire mieux entendre la doctrine de cet ancien rhéteur.
« Je n'en connais point l'auteur : il promettait deux autres
« parties, dont il donne une espèce de table, et c'est tout
« ce qui en a été publié. » Je ne sais ce que c'est que cet ouvrage, que je n'ai pas pu trouver.

Les deux thèses, française et latine, que j'ai présentées à la Faculté en 1843, étaient précédées de dédicaces adres-sées à deux de mes anciens maîtres. Je ne reproduis pas ici ces formules, mais les sentiments qu'elles exprimaient sont toujours les miens, et je prie MM. Rinn et Guigniaut de recevoir de nouveau l'expression de mon respect et de ma reconnaissance pour leurs leçons et leur amitié.

Je ne puis parler de reconnaissance sans rappeler ce que je dois au doyen de la Faculté, M. Le Clerc, qui devient si vite le patron de ceux dont il a été le juge, et qui, le jour même où il me recevait agrégé pour l'enseignement supérieur, m'a fait l'honneur inespéré de me choisir pour son suppléant dans la chaire d'Éloquence latine.

ÉTUDE

SUR

LA RHÉTORIQUE D'ARISTOTE.

Αἱ γὰρ πίστεις ἔντεχνόν ἐστι μόνον,
τὰ δ' ἄλλα προσθῆκαι.
ARISTOTE, *Rhét.*, I, 1.

INTRODUCTION.

J'ai pour objet dans cet écrit de rechercher quelle
utilité on peut retirer aujourd'hui de la Rhétorique
d'Aristote, et je me propose pour cela, non pas d'étudier les détails de cette Rhétorique, mais d'en développer la méthode. Cette méthode, qui n'est plus celle
des Rhétoriques postérieures, et qui fait l'originalité
de celle d'Aristote, fait aussi sa supériorité ; c'est par
là qu'elle est encore aujourd'hui neuve et féconde. Je
ne crains pas de dire que c'est la seule philosophique, et
par conséquent la seule vraie que l'antiquité nous ait
transmise. Dans un temps où la rhétorique artificielle
des rhéteurs semble abandonnée et n'impose plus aux
esprits, où l'on demande surtout à l'orateur d'être pres-
sant et fort, où l'on se pique de préférer des raisons à
des phrases, le traité d'Aristote doit être le livre classique de tous ceux qui veulent apprendre l'art de per-

1

suader par le discours. Je ne dis pas qu'il faille le
traduire mot à mot pour nos écoles, et l'y faire réciter
par cœur : c'est l'esprit qu'il importe de recueillir, et
non la lettre, qui pourrait rebuter quelquefois. Ce qui
est plus praticable, et ce qui vaut mieux, c'est de se
pénétrer de la philosophie qui est dans ce livre, de
s'approprier ces procédés d'une observation délicate et
pénétrante, et de les faire passer dans la pratique de
l'enseignement et dans le travail habituel de la culture
de l'esprit. J'entre avec cette pensée dans l'étude de la
Rhétorique d'Aristote, et je rappellerai d'abord dans
quel temps et dans quelles circonstances cet ouvrage a
été composé.

Date de la Rhétorique d'Aristote.

Nous avons un écrit de Denys d'Halicarnasse, la première lettre à Ammæus, dans lequel il a tâché de
déterminer la date de la Rhétorique d'Aristote. C'est
pour répondre à un péripatéticien qui soutenait que
Démosthène fut redevable de son éloquence aux enseignements du philosophe. Denys fait voir que non-seulement le talent de Démosthène était formé à l'époque
où fut écrite la Rhétorique, mais que tous ses discours
les plus célèbres étaient déjà prononcés. Il montre
qu'Aristote n'a pu écrire cet ouvrage que dans les dix
années qu'il passa à Athènes, enseignant au Lycée,
depuis le départ d'Alexandre pour la Perse jusqu'à la
mort du conquérant, c'est-à-dire de 334 à 324. Ce fut
un de ses derniers écrits, car on y trouve cités les Analytiques et les Topiques. (Denys pouvait ajouter, la Politique et la Poétique.) On y trouve plusieurs allusions
aux événements de la guerre contre Philippe, dont

l'une (II, 23, 5) se rapporte à l'année même de la
bataille de Chéronée, 338. Enfin Denys pense que l'ouvrage est postérieur au discours sur la Couronne, qui
fut prononcé en 330, et qu'il croit désigné par ces
mots : οἶον ἡ περὶ Δημοσθένους δίκη (II, 23, 3) [1].

Il ne faut pas croire que Denys d'Halicarnasse, en
établissant ce fait, prétendît nier l'influence de la rhétorique sur l'éloquence. Sa pensée n'est pas si hardie.
Il ne se propose que de rabaisser l'orgueil de ce péripatéticien qui, faisant honneur à un philosophe de l'habi-

---

1. L'affaire de la Couronne paraît très-bien désignée par cette expression ; le procès *au sujet* de Démosthène. L'argument des *récipro-
ques* (πρὸς ἄλληλα), dont il s'agit en cet endroit de la Rhétorique, est,
en effet, le fond de l'argumentation éloquente qui aboutit au fameux
serment, ἀλλ' οὐκ ἔστιν, οὐκ ἔστιν ὅπως ἡμάρτετε. Il se réduit à cet enthymème : Si j'ai mal fait, moi, en vous donnant ces conseils, vous avez mal
fait, vous, en les suivant. Mais, etc.

Il est à remarquer qu'Aristote ne cite guère Démosthène, ni aucun
orateur aussi récent, mais seulement ceux qui étaient déjà classiques.
Il y a cependant un mot de Démosthène (est-ce l'orateur ou le général ?) à la fin du chapitre 4 du livre III, et un mot de Démade sur Démosthène (II, 24). On pourrait supposer avec Niebuhr, *Hist. Rom.*,
trad. franç., t. I, note 39, que ce sont là des additions faites par Aristote,
à la fin de sa vie, à un ouvrage commencé plus tôt.

Plusieurs des assertions de Denys sont contestées, par des raisons
qui ne me paraissent pas bien solides, dans une dissertation intitulée :
*Commentatio de tempore quo ab Aristotele libri de Arte rhetorica
conscripti et editi sint* (Scr. Max. Schmidt, Halis Sax., 1838). Cependant
l'auteur conclut comme Denys, et rapporte à la même date que le critique grec la publication définitive de la Rhétorique. Il croit seulement
que l'ouvrage a été conçu beaucoup plus tôt, et qu'on y rencontre encore
des traces de ce travail antérieur.

Dans un *Specimen commentariorum in Aristotelis libros de Arte rhetorica* (1839), qui est un essai très-remarquable, M. Spengel indique,
comme contribuant à déterminer la date de la Rhétorique, un autre
passage (II, 23, 17, καὶ τὸ μετέχειν τῆς κοινῆς εἰρήνης), où il voit une al-
lusion à l'alliance conclue, après la mort de Philippe, entre Alexandre
et les Grecs, à l'exception des Lacédémoniens. Le scholiaste de la Rhétorique d'Aristote cite, en effet, cet argument comme de Démosthène.

* 1

été acquise par Démosthène, semblait ne tenir aucun compte des leçons que celui-ci pouvait avoir reçues des vrais rhéteurs. La cause des rhéteurs étant celle de Denys, il l'a défendue. C'est un professeur d'éloquence qui soutient la valeur de son art contre un maître de philosophie; voilà à quoi se réduit le débat. Si, en effet, ce n'est pas dans la Rhétorique d'Aristote que Démosthène a appris son métier, c'est, suivant Denys, dans certaines autres méthodes sur lesquelles il s'expliquera dans un nouveau traité. Il est fâcheux qu'il n'ait pas tenu cette promesse, et qu'ayant surpris le secret du grand orateur, il ne nous l'ait pas communiqué. Une pareille thèse eût été plus intéressante que celle qu'il a soutenue, mais aussi plus difficile ; car n'est-il pas naturel de penser qu'on ne peut expliquer Démosthène par aucune méthode particulière, et qu'en analysant, par exemple, le discours pour la Couronne, on n'y retrouvera pas la rhétorique de tel ou tel maître, mais seulement cette rhétorique personnelle, mobile, insaisissable, que l'orateur exercé a toujours à sa disposition, comme un homme adroit et vigoureux porte partout avec lui sa vigueur et son adresse?

Cette adresse cependant avait été cultivée par des études et par des leçons, et si on se borne à dire d'une manière générale que la rhétorique n'a pas été inutile pour former un Démosthène, et pour amener à cette maturité l'éloquence attique, on sera, je crois, dans la vérité. La pensée de Cicéron (*de Orat.*, I, 52), que l'art est né du talent, et non le talent de l'art, est plus piquante que rigoureusement exacte. L'art et le talent s'accroissent ensemble, puisque l'art n'est que la conscience que le talent a de lui-même, et la réflexion qu'il

applique à ce qu'il fait. C'est l'histoire de l'enclume et
du marteau ; l'un ne s'est pas fait sans l'autre. Remontons au cinquième siècle ; nous voyons paraître à la fois
dans la Grèce les premiers orateurs et les premiers rhéteurs. Car il ne faut pas confondre l'orateur et l'homme
éloquent : Solon était un homme éloquent ; il y a une
éloquence sublime dans Homère. Mais il n'y a des orateurs et de véritables harangues qu'au temps des Périclès
et des Alcibiade, qui est aussi celui des Corax et des
Tisias. Ce n'est qu'après l'arrivée de Gorgias à Athènes
que l'on compose des discours écrits ; et ceux qui écrivent ces discours, les Antiphon, les Lysias, sont aussi
des maîtres de rhétorique. Plus tard, il en est ainsi
d'Isée, le maître de Démosthène. Plus tard encore, c'est
ainsi qu'Eschine, si on en croit la tradition, vaincu par
son illustre rival, et exilé à Rhodes, y ouvrit une école
d'éloquence, et commença, pour première leçon, le discours qui l'avait accablé. L'éloquence et la rhétorique
marchent donc ensemble jusqu'au bout, et après que,
pendant un siècle, elles se sont enrichies et développées
par un progrès constamment semblable, au moment de
décliner ensemble, elles recueillent leurs forces pour
produire chacune leur chef-d'œuvre. La Rhétorique
d'Aristote paraît presque en même temps que le discours pour Ctésiphon.

De la Rhétorique avant Aristote.

Aristote s'était préparé à ce travail par l'histoire de
ce qu'on avait fait avant lui ; c'est ainsi qu'il en a usé
pour toutes les parties de la science. Le premier livre de
sa Métaphysique n'est qu'une histoire abrégée de la
philosophie antérieure, et nous trouvons en outre, dans

la liste que Diogène nous a donnée de ses ouvrages, un grand nombre de traités partiels sur les opinions de tel philosophe ou de telle école. Pour composer sa Politique, il avait recueilli les institutions de cent cinquante-huit cités, et il avait fait aussi l'histoire de la science politique avant lui. De même il avait donné, en un livre, la collection, Συναγωγή, des préceptes de tous les rhéteurs ; mais ce livre est perdu, et tous les efforts de l'érudition ne peuvent nous dédommager de cette perte [1]. Voici comment Cicéron en parlait (de Inv., II, 2) : « Tous les anciens rhéteurs, depuis Tisias, le premier « de tous et l'inventeur de l'art, ont été assemblés en « un seul corps par Aristote ; il recueillit avec le plus « grand soin, sous le nom de chacun d'eux, les pré- « ceptes qui leur appartenaient, les exposa avec netteté, « les éclaircit par d'excellentes explications ; et il a sur

1. Voir le livre de M. Léonard Spengel, Συναγωγὴ τεχνῶν, Stuttgard, 1828, ouvrage plein d'une excellente érudition. On peut consulter aussi, mais avec moins de fruit, les douze dissertations sur l'origine et les progrès de la rhétorique dans la Grèce, par notre académicien Hardion, dans les *Mémoires de l'Acad. des Inscript.*, tomes IX, XIII, XV, XVI, XIX, XXI ; elles s'arrêtent à Prodicus.

M. Rossignol a donné dans le *Journal des Savants* (octobre 1840) un Examen critique de l'ouvrage de M. Spengel, savant et ferme, mais, à mon avis, trop sévère. Cet article est comme une introduction à l'Examen critique de la traduction de la Rhétorique d'Aristote par M. Minoïde Minas, que M. Rossignol a fait paraître plus tard dans le même journal (septembre 1842 et février 1843). Les observations de détail, contenues dans ce travail, sont précédées d'un exposé des progrès qu'Aristote fit faire à l'art oratoire, morceau remarquable, dont j'ai particulièrement profité. L'auteur montre très-bien la correspondance de la rhétorique et de la dialectique, et explique savamment le mot ἀντίστροφος dans la phrase d'Aristote, Ἡ ῥητορική ἐστιν ἀντίστροφος τῇ διαλεκτικῇ. Il marque les deux caractères de l'enthymème, considéré dans sa forme ou dans son principe. Il fait voir enfin comment la rhétorique sévère et positive d'Aristote, et sa manière de concevoir l'éloquence, conviennent surtout à notre temps.

« ces auteurs eux-mêmes un tel avantage, par l'élégance
« et la précision de son style, que personne ne va plus
« chercher leurs leçons dans leurs propres écrits, et que
« tous ceux qui en veulent prendre quelque connais-
« sance s'adressent à Aristote, comme à un interprète
« qu'on entend plus aisément. » C'est à ce livre que
Cicéron lui-même a emprunté cet abrégé rapide de l'histoire de la rhétorique grecque, qui remplit le chapitre 12
du Brutus.

Si nous possédions aujourd'hui cette histoire de la
rhétorique, y trouverions-nous le nom de Phénix, le
gouverneur d'Achille, qui lui enseignait, à ce qu'on
prétend, la rhétorique, comme le témoigne un vers
d'Homère[1] ? Y trouverions-nous, avant Phénix, le vieux
Pitthée, l'aïeul de Thésée, qui avait écrit une Rhétorique à Trézène, à ce que rapporte Pausanias, qui
l'avait vue (II, 31) ? Sans mêler ainsi la fable à l'histoire, que d'intérêt le livre d'Aristote aurait encore en
nous représentant les leçons des Corax, des Gorgias, des
Thrasymaque, des Théodore ! et, tandis qu'il nous ferait
assister à la naissance et aux premiers progrès de la
rhétorique, combien n'éclaircirait-il pas pour nous les
rapports naturels de l'éloquence sans art avec l'art oratoire, et le passage de l'une à l'autre, choses si difficiles
à démêler aujourd'hui !

De toutes ces Rhétoriques perdues, il n'en est guère
de plus regrettable que celle d'Isocrate, si toutefois il
est vrai qu'Isocrate ait écrit en effet une Rhétorique. Il
était, comme nous l'apprend Cicéron[2], le chef d'une

---

1. Μύθων τε ῥητῆρ' ἔμεναι πρηκτῆρά τε ἔργων . (Il., ι, 443.)

2. *De Invent.*, II, 2, 3.

école rivale de celle d'Aristote ; celle-ci plus philosophique, celle-là plus curieuse de la forme et des dehors
du discours. Mais déjà du temps de Cicéron il n'existait
pas de Rhétorique d'Isocrate authentique, *cujus quam
constet esse artem non invenimus;* et quant aux véritables
ouvrages de ce rhéteur illustre qui subsistent encore
aujourd'hui, ils nous apprennent bien quel était son
caractère, son goût, sa manière de composer, mais ils ne
nous font rien connaître de ses leçons et de ses doctrines.

Il existe cependant un livre où nous pouvons voir
encore ce qu'était la rhétorique vulgaire, telle qu'on
l'enseignait dans l'école des rhéteurs de profession. Nous
la retrouvons en abrégé dans le petit écrit intitulé
Ῥητορικὴ πρὸς Ἀλέξανδρον, que les manuscrits attribuent à
Aristote, mais qu'on a reconnu sans peine et depuis
longtemps pour apocryphe. C'est une espèce de manuel,
qui présente sous une forme simple et rapide des définitions, des classifications et des préceptes, utiles dans
la pratique, et commodément distribués pour la mémoire. On a pu dire raisonnablement que cette Rhétorique était plus curieuse peut-être que l'ouvrage même
d'Aristote; non pas certainement pour la science de
l'éloquence en elle-même, mais pour la connaissance
des procédés de l'art oratoire chez les Attiques[1]. Ce

1. C'est l'opinion de M. Spengel, qui a donné récemment une édition
de cette Rhétorique, dont il s'était déjà occupé dans sa Συναγωγὴ τεχνῶν.
Il l'attribue, après Victorius et d'autres encore, à Anaximène de Lam-
psaque, contemporain de Philippe et d'Alexandre, dont il écrivit l'histoire (Paus., VI, 18). Il n'a pas craint de la publier sous ce titre : *Anaxi-
menis ars rhetorica quæ vulgo fertur Aristotelis ad Alexandrum* (Tu-
rici et Vitoduri, 1844). Cette édition remarquable se recommande surtout par des notes dans lesquelles M. Spengel rapproche de chacun des
préceptes du rhéteur des applications prises dans les discours des orateurs attiques. (Voir la note à la fin du volume.)

qu'elle peut offrir en ce genre de plus intéressant à relever trouvera sa place quand nous entrerons plus avant dans la Rhétorique d'Aristote.

Rhétorique de Platon.

Mais ce n'est pas seulement dans les rhéteurs qu'Aristote avait appris l'art qu'il a si supérieurement enseigné. Il avait étudié une rhétorique plus haute, je veux dire celle de Platon. Ce grand adversaire des rhéteurs, qui s'attaquait si hardiment aux Gorgias et aux Périclès, et qui considérait la rhétorique comme une espèce de cuisine par laquelle on flatte les appétits capricieux de la multitude, Platon a cependant écrit une théorie de l'art oratoire. Elle est l'objet du Phèdre, dont elle remplit la dernière partie. Il est vrai que cette Rhétorique n'est pas proprement un traité du discours, une τέχνη, abondante en observations et en préceptes ; c'est la philosophie de l'art, c'est l'idée première de la Rhétorique d'Aristote ; là comme ailleurs le maître a tracé au disciple son ouvrage. Platon n'a achevé et rédigé aucune science, mais il a jeté de côté et d'autre une foule d'idées qui ont servi à faire la science quand elles ont été recueillies et ordonnées ; comme les prêtres de Delphes composaient un oracle complet et suivi avec les paroles qui échappaient à la Pythie. Platon n'a fait non plus ni la Métaphysique, ni la Morale ; mais pour combien les vues de Platon ne sont-elles pas dans les traités d'Aristote, même lorsqu'il y est contredit !

C'est ce qu'il faut dire surtout de la Rhétorique. Aristote commence son livre par cette définition, présentée en plusieurs endroits sous plusieurs formes : La rhétorique est une dialectique. Socrate, dans le Phèdre, ne formule pas sa pensée avec ce ton d'autorité; mais il fait sentir à Phèdre combien il importe à l'orateur d'avoir des notions nettes et précises de ce dont il parle, et que cela est impossible s'il ne sait définir sa pensée, distinguer les différences qui sont entre les choses, reconnaître au contraire les rapports et les ressemblances pour généraliser à propos; puis il ajoute : « Ceux qui « possèdent ce talent, parlé-je bien ou mal, Dieu le « sait, mais enfin jusqu'à présent j'ai coutume de les ap- « peler dialecticiens (*Phèdre*, p. 266, B). » Cette iro- nie ne faisait-elle pas découvrir à l'esprit, et comme disait Socrate, ne lui faisait-elle pas enfanter la défi- nition d'Aristote?

Maintenant, où l'orateur prendra-t-il ce fonds de vérités que la dialectique ne fait que mettre en œuvre? Ce sera, dit Platon, dans la philosophie morale, dans la science de l'âme, et c'est ce qu'Aristote répète après lui. Mais ce n'est là qu'une généralité un peu vague; Platon s'explique : « Puis donc, continue-t-il, que la « vertu du discours est une espèce d'attraction des âmes, « ψυχαγωγία, celui qui veut devenir orateur doit savoir « combien il y a d'espèces d'âmes : il y en a tant, qui « sont de telle ou telle nature, et c'est par où tel « homme diffère de tel autre. Cette division établie, on « dira de même qu'il y a tant d'espèces de discours, de « telle nature chacun. Certains hommes se rendront à « certains discours pour telle cause qui les rend acces- « sibles à tel moyen de persuasion; certains autres, pour « d'autres causes, seront difficiles à persuader par ce « moyen. Quand on a bien saisi toutes ces différences « par la pensée, il faut les retrouver dans les choses et « dans la pratique de tous les jours, et pouvoir s'y plier

« par un sentiment prompt et rapide; ou bien on n'en
« saura jamais plus sur l'art du discours que ce qu'on a
« appris du maître de rhétorique. Mais si on est en état
« de reconnaître que tel moyen est bon pour tel homme ;
« si, lorsqu'on se trouve en présence d'un auditeur, on
« sait le pénétrer sur-le-champ et se dire à soi-même, le
« voilà, voilà cette nature d'esprit que je considérais
« tout à l'heure en théorie, et qui est maintenant de-
« vant moi en effet, voici les raisons qu'il faut lui pré-
« senter, le langage qu'il faut lui tenir pour lui suggérer
« telle conviction; si on voit clairement tout cela, et
« qu'on sache de plus quand il convient de parler ou de
« se taire; quand il faut rechercher le style concis, le
« pathétique, l'amplification, et quand il est à propos
« ou non d'employer tous ces artifices du discours qu'on
« a étudiés; alors l'art est parfait et véritablement
« achevé; jusque-là, non. Et dès que vous êtes en dé-
« faut sur quelqu'un de ces points, vous qui parlez, ou
« qui enseignez, ou qui écrivez, si vous prétendez pos-
« séder l'art, on est en droit de ne pas vous croire. »
(*Phèdre*, p. 271, D.)

Eh bien, ce que demande Platon n'est-il pas précisément ce qu'a fait Aristote? Qu'est-ce autre chose que
ces analyses de chaque passion, ces caractères de chaque âge ou de chaque condition de la vie, cette étude
minutieuse de nos dispositions et de nos humeurs? Sans
doute, recommander un pareil travail, ce n'est pas
encore l'exécuter; on peut même croire que Platon
n'était pas fait pour cette observation patiente et fine
où excelle le maître de Théophraste. Mais il avait tracé
le programme que son élève a rempli.

Quant à tous les préceptes des sophistes et des rhéteurs

sur l'exorde, la narration, la péroraison, sur l'amplification, sur les tours par lesquels on rajeunit une idée vieille, sur le nombre, sur les figures, sur les mouvements pathétiques, Aristote dit en deux mots : « Ceux « qui s'occupent de tout cela s'arrêtent en dehors de « l'art, τεχνολογοῦσι τὰ ἔξω τοῦ πράγματος. » Mais déjà Platon, passant en revue ces artifices, faisait voir aisément qu'ils ne sont rien sans le don de les employer à propos, et que ce don dépend de la connaissance de l'âme, qui est la vraie science de l'orateur. Et avec une de ces insinuations moqueuses qui lui sont familières : « Ainsi, mon cher Phèdre, concluait-il, jamais ce qui « sera dit ou enseigné autrement ne le sera avec art, « soit sur ce sujet, soit sur tout autre; mais ceux qui « écrivent aujourd'hui ces *arts du discours* que tu con- « nais, sont des hypocrites qui nous cachent la connais- « sance admirable qu'ils ont de l'âme. Gardons-nous « bien, tant qu'ils écriront ainsi, de prendre en effet « pour l'art ce qu'ils nous donnent (p. 271, B). »

Ces extraits suffisent pour montrer que la Rhétorique d'Aristote a été conçue par Platon, et qu'elle est en germe dans le Phèdre. Mais n'oublions pas que des idées présentées en passant de cette façon légère et rapide, ne pouvaient laisser de traces profondes que dans une intelligence aussi vive que celle d'Aristote, et aussi sensible à l'impression de la vérité. C'est Aristote qui, par son traité, les a rendues classiques et populaires, et en a fait véritablement la règle des esprits.

De la prétendue rivalité d'Aristote et d'Isocrate.

Nous voilà revenus au livre qui fait l'objet de ce travail, et nous avons encore plusieurs questions à examiner. Est-il vrai, comme on l'a dit, d'après Cicéron (*de Or.*, III, 35) et d'autres encore, qu'Aristote ait été déterminé à ouvrir une école de rhétorique, et à donner un traité de cet art, par la jalousie et le mécontentement que lui causait le succès de l'enseignement d'Isocrate? On ajoute (Quintil., III, 1) qu'il disait, en parodiant un vers du Philoctète d'Euripide, αἰσχρὸν σιωπᾶν, Ἰσοκράτην δ' ἐᾶν λέγειν. Mais, d'après Diogène (*Aristot. Vit. init.*), c'est Xénocrate, le chef de l'Académie, dont Aristote plaçait le nom dans ce vers : et je trouve plus de vraisemblance dans cette leçon, ou si on veut dans cette interprétation; car je croirais volontiers qu'Aristote citait le vers tel qu'il est, βαρβάρους δ' ἐᾶν λέγειν, sans y mettre un nom propre; il y avait ainsi plus de finesse. D'ailleurs, quand Aristote rentra dans Athènes, après le départ d'Alexandre, il y avait quatre ans qu'Isocrate était mort centenaire. Si on remonte plus haut, il faudra se reporter jusqu'à un temps où Platon vivait encore, c'est-à-dire à une époque bien antérieure à la composition de la Rhétorique. Enfin Aristote ne parle guère d'Isocrate dans son ouvrage, que pour le citer avec honneur. Il faut donc renoncer à cette fable d'une rivalité entre les deux maîtres, fable née sans doute de la rivalité plus réelle qui se perpétua dans les écoles grecques entre les philosophes péripatéticiens et les rhéteurs. C'est un exemple de plus à donner de la défiance avec laquelle il faut accueillir les anecdotes dans l'histoire de l'antiquité [1].

1. M. Rossignol, dans l'Examen critique d'une nouvelle traduction de la Rhétorique, p. 17 sqq., a admis cette rivalité; mais je ne puis me rendre à ses raisons. Tout en interprétant comme lui les mots διὰ τὴν συνήθειαν τοῦ δικολογεῖν, je ne vois dans ces expressions rien d'injurieux

La Rhétorique est un ouvrage acroamatique.

On sait que les ouvrages d'Aristote se distinguent en *exotériques*, littéralement ouvrages du dehors, et en *acroamatiques*, ou leçons pour les auditeurs. A laquelle de ces deux classes faut-il rapporter la Rhétorique? Il est difficile de le dire, si on ne résout la question générale de savoir ce qu'on doit entendre par ces deux espèces d'enseignement. Les textes que Buhle a ramassés sur ce sujet [1] ne feront qu'obscurcir la question, si on veut attacher une égale valeur à chacun de ces témoignages. Mais si on s'arrête de préférence à ceux qui sont les plus directs, les plus positifs et les plus clairs, je veux dire à l'assertion précise d'Ammonius, confirmée pour nous et expliquée par les déclarations non moins précises de Cicéron, on trouve que les ouvrages exotériques étaient des dialogues sur divers sujets, où le philosophe lui-même avait toujours le rôle principal, et qui étaient précédés de prologues. Or, tous les dialogues d'Aristote sont perdus; nous n'avons donc plus aujourd'hui d'ou-

ni de satirique. Il n'en est pas de même du mot cité par Denys sur ces liasses de plaidoyers isocratiques que colportaient les libraires. Mais j'imagine que ce mot a été dit par Aristote encore jeune, quand Isocrate régnait parmi les rhéteurs, et que le philosophe s'en indignait avec l'impatience de son âge. On pourrait expliquer aussi, en le rapportant à cette date, ce que Cicéron raconte à ce sujet; mais lorsqu'Aristote, âgé de plus de cinquante ans, et après la mort d'Isocrate, écrivit sa Rhétorique, on ne peut le supposer animé de cette même mauvaise humeur. Qu'on voie tous les passages où il nomme Isocrate, I, 9, II, 19, et en plusieurs endroits du IIIe livre, on se convaincra qu'il ne veut que s'appuyer de son exemple et de son autorité.

1. J. Th. Buhle, *Disputatio de distributione librorum Aristotelis in exotericos et acroamaticos, ejusque rationibus et causis.* Se trouve dans le premier des cinq volumes qu'il a donnés d'une édition d'Aristote, 1791.

vrages exotériques. Fabricius a donc eu raison de reconnaître pour acroamatiques les trois livres que nous examinons.

Cependant on peut faire des objections pour la Rhétorique en particulier. Suivant Aulu-Gelle (XX, 5), l'enseignement *acroatique* d'Aristote (il fallait dire *acroamatique* d'après les commentateurs grecs), se rapportait aux parties les plus élevées et les plus difficiles de la science, la métaphysique, la physique, la dialectique ; cet enseignement se donnait le matin. L'enseignement exotérique, qui occupait l'après-midi, comprenait des leçons de rhétorique, des exercices d'argumentation, des études de politique et de morale. D'après cela, notre Rhétorique appartiendrait à l'enseignement exotérique ; mais Aulu-Gelle se méprend, et interprète mal une tradition que nous retrouvons ailleurs, tantôt également altérée, tantôt plus pure. La vérité est que, dans ses leçons ou ses traités acroamatiques, Aristote s'exprimait dogmatiquement, établissant des principes et des définitions, et se servant de formules sèches et rapides ; tandis que dans les dialogues exotériques, donnant une forme dramatique à son argumentation, il combattait les opinions par les opinions, faisait plaider des causes à ses personnages, et leur mettait dans la bouche un langage facile et populaire [1]. Ces deux

[1] Voir, pour la preuve de chacune des parties de cet énoncé, les divers textes qui remplissent la Dissertation de Buhle.

M. Ravaisson a traité cette question d'une manière complète dans son *Essai sur la Métaphysique d'Aristote* (3e part., livre I, ch. 1). Il essaye de montrer (p. 236 sqq.) que ces différences de forme tiennent à une différence fondamentale, susceptible de plus ou de moins, de manière qu'il peut y avoir des traités plus acroamatiques que d'autres, si je puis parler ainsi, et que la Métaphysique est le plus acroamatique de tous. Je ne conteste pas cette manière de voir, pourvu qu'il soit bien sortes d'écrits différaient donc par la méthode et l'exécution, mais non par la matière. La métaphysique même était développée dans les dialogues, et au contraire la Politique est un ouvrage acroamatique. La rhétorique, aussi bien que toute autre science, pouvait être enseignée directement sous la forme dogmatique d'un traité; et c'est ce qui a été fait dans ces trois livres.

Du Gryllus, etc.

Mais Aristote avait composé sur la rhétorique un livre qui avait pour titre *Gryllus*; c'est le nom d'un fils de Xénophon, et ce titre paraît indiquer un dialogue dans lequel Gryllus était le principal personnage. Quintilien s'exprime ainsi dans le chapitre où il établit que la rhétorique est un art (II, 17) : « Aristote, qui se plaît « toujours à poser des problèmes, imagine, dans le « Gryllus, des objections dignes de sa finesse accoutu- « mée; mais lui-même a traité de notre art en trois li- « vres...., etc. » Il ne reste rien du *Gryllus*.

Diogène Laërce et un biographe anonyme[1] nomment encore d'autres livres d'Aristote, qui traitaient, soit de la rhétorique dans son ensemble, soit de quelqu'une de ses parties, Τέχνη, ἄλλη Τέχνη, περὶ Λέξεως, Ἐνθυμήματα ῥητορικά : il n'est rien resté non plus de ces ouvrages.

reconnu, ainsi que M. Ravaisson l'a établi lui-même rigoureusement, qu'avant tout, c'est par la forme du traité ou du dialogue, par le style scientifique ou populaire, qu'il faut classer les livres d'Aristote. Pour le philosophe, il y aura peut-être des ouvrages plus ou moins acroamatiques, suivant que la science pure y tient plus ou moins de place; mais, philologiquement parlant, il n'y a que des livres exotériques d'une part et des livres acroamatiques de l'autre, de même à peu près que tout ce qui n'est point prose est vers, et que tout ce qui n'est point vers est prose.

1. Dont on peut voir le texte dans Buhle.

Il est singulier que nos trois livres ne soient pas dans la liste de Diogène, mais la Rhétorique en deux livres est sans doute la même ; c'est une erreur de chiffres comme il y en a en si grand nombre dans les textes anciens. L'Anonyme donne exactement, Τέχνης ῥητορικῆς γ'.

Aristote était-il orateur ?

On sait qu'Aristote ne se contentait pas de philosopher sur la poésie, mais qu'il était poëte lui-même ; et quoique des ïambes anonymes [1] nous disent qu'il ne savait pas même les éléments de l'art des vers, ἀναλφάβητος οὑτοσὶ στιχογράφος, son hymne sur Hermias, qui est venu jusqu'à nous, est certainement d'une grande beauté. Il est naturel de se demander s'il fut aussi orateur. Mais un Stagirite, dans Athènes, ne pouvait parler à la tribune ; et il n'était guère dans l'esprit d'Aristote de polir à loisir, comme Isocrate, des discours fictifs. Ce n'était pas un rhéteur donnant des leçons d'éloquence ; c'était un philosophe qui étudiait dans ses applications une des facultés de l'esprit humain. Diogène raconte cependant, d'après Favorinus, qu'étant accusé de sacrilége par l'hiérophante Eurymédon, Aristote composa lui-même un discours pour sa défense. Mais l'Anonyme que j'ai cité déjà nous avertit que ce discours était apocryphe ; et en effet il est certain qu'Aristote ne purgea point cette accusation, qu'elle ait été ou non formellement intentée, mais qu'il sortit d'Athènes et se retira à Chalcis. Le discours d'ailleurs n'existe plus.

On pourrait croire du moins que certains ouvrages d'Aristote étaient écrits d'une manière oratoire. Cicé-

1. A la fin de la Biographie anonyme déjà citée.

2

ron. mandait à Lentulus (*Epist.*, I, 9) : « J'ai composé « dans le goût d'Aristote, autant qu'il a été en moi, mes « trois livres sur l'Orateur. » Ailleurs il vante la parure de son style, et semble le comparer à Platon même (*de Fin.*, I, 5). Ailleurs encore il le représente répandant sur la philosophie les flots d'or de son élocution (*Acad.*, II, 38). Cependant, tout en admirant chez lui, avec l'abondance de la pensée, la douceur et l'élégance du langage (*Top.*, I, 1), il n'ajoute pas positivement qu'il soit orateur, comme il le dit de Platon (*de Or.*, I, 11). Aristote ne manquait certainement ni de logique, c'est le premier des dialecticiens; ni d'une imagination grande et élevée, c'est le principal mérite de son hymne, et plusieurs passages de ses traités sont empreints du même caractère; ni d'agrément et de saillies, nous en verrons dans la Rhétorique même d'heureux exemples; ni de richesse et d'harmonie dans la phrase, nous en pouvons juger par un ou deux morceaux de ses Dialogues qui nous ont été conservés [1]. Il lui manquait pour être orateur une seule chose, mais nécessaire, une sensibilité plus vive. Ce don précieux, qui ne fut pas refusé à Isocrate, naïf dans son emphase même, la ferme intelligence d'Aristote en fut privée, et s'en croyait peut-être exemptée comme d'un défaut.

Mais avec quelque réserve qu'on interprète, au sujet de son éloquence, le témoignage de Cicéron, il en reste encore assez pour reconnaître qu'Aristote possédait toute cette partie du talent de l'orateur qui relève de

---

1. Un fragment original se trouve dans Plutarque (*Consolation à Apollonius*, p. 115). Un autre, plus brillant et plus oratoire, nous est connu par la traduction de Cicéron, qui paraît être littérale (*de Nat. deor.*, II, 37).

l'art et qu'il enseignait aux autres. Qu'il analyse les
procédés du raisonnement, ou le secret de nos dispositions morales, ou les ressources du langage, ce sont trois
choses qu'il avait étudiées par lui-même toute sa vie,
non-seulement en observateur, mais aussi en homme du
métier.

Jugements divers sur la Rhétorique d'Aristote.

C'est de là sans doute que naît l'intérêt puissant qui
soutient dans la lecture de cet ouvrage, quand on en a
une fois traversé les premières difficultés . C'est par où
la Rhétorique a obtenu de tout temps une si haute es-
time. Voici comment Cicéron en parlait, en la comparant aux ouvrages des rhéteurs de profession (*de Orat.*,
II, 38) : « J'ai lu le livre d'Aristote où il a exposé les
« préceptes de tous ceux qui étaient venus avant lui;
« *j'ai lu aussi ceux où il donne sur cet art ses propres idées;*
« et j'ai trouvé cette différence entre lui et les rhéteurs,
« qu'Aristote a porté dans l'art de la parole, dont il
« faisait peu de cas, ce même génie qui pénétrait l'es-
« sence et le fond de toutes choses ; eux, au contraire,
« qui se sont bornés à cette étude, et qui s'y sont comme
« enfermés, n'y ont pas montré la même intelligence,
« mais seulement plus de pratique et d'habitude. »
Après ce témoignage, qui dispense d'en citer d'autres,
je produirai seulement celui de Voltaire, qui ne flattait
pas les anciens. Il a donné dans le Dictionnaire Philosophique (art. *Aristote*), un aperçu rapide et intelligent
de la Rhétorique, qu'il avait parcourue avec son discer-
nement accoutumé. « Je ne crois pas, dit-il, qu'il y ait
« une seule finesse de l'art qui lui échappe. » Cependant Fénelon, dans ses Dialogues sur l'Éloquence, a mis

*2

la Rhétorique d'Aristote au-dessous du petit traité du Sublime, attribué à Longin. Tout en convenant qu'elle est *très-belle*, il lui reproche d'être sèche, et plus curieuse qu'utile ; de servir plus à faire remarquer les règles de l'art qu'à inspirer l'éloquence et à former de vrais orateurs[1]. En effet, elle n'inspire pas l'éloquence, mais apprend-elle à l'orateur son métier ? lui enseigne-t-elle à trouver des raisons, à les faire valoir, à approprier son discours à ceux qui l'entendent, à relever l'idée par l'expression ? c'est ce dont nous jugerons tout à l'heure. Disons seulement ici que Fénelon, doué d'un si grand charme et de tant de grâce naturelle, a peut-être donné trop, en toute matière, à l'instinct et à l'imagination, et pas assez à la règle et à la méthode.

Je crois avoir établi que les trois livres de la Rhétorique, composés pendant l'expédition d'Alexandre, ont été préparés par tous les travaux des maîtres dans l'art oratoire, et par l'analyse qu'Aristote avait faite de ces travaux ; mais que nous avons, dans le Phèdre de Platon, le principal, et, en un certain sens, l'unique antécédent de la Rhétorique : que ces livres, nés d'une pensée philosophique, ne sont pas sortis d'une prétendue rivalité entre Aristote et Isocrate, mais qu'ils doivent être considérés comme une partie nécessaire de cette encyclopédie qu'Aristote a tracée en étudiant successivement toutes les facultés de l'esprit humain : que c'est un ouvrage acroamatique, c'est-à-dire aussi philosophique et aussi savant que les autres que nous possédons : que si

---

1. Malebranche (*Rech. de la Vér.*, V, 2) critique durement la doctrine d'Aristote, sans s'apercevoir que, dans son éloignement pour la rhétorique artificielle, il s'en prend précisément au principal adversaire des rhéteurs.

Aristote n'a pas été orateur, il a possédé cependant plusieurs des grandes parties de l'art oratoire : enfin, que toutes ces circonstances, et en outre les jugements divers qui ont été portés sur ce livre, en recommandent puissamment l'étude, à laquelle il est temps enfin d'arriver.

LIVRE PREMIER.

Idées générales d'Aristote sur la rhétorique.

« La rhétorique fait le pendant de la dialectique. Leur
« objet à toutes deux est également accessible à tous les
« esprits, et ne réclame aucune connaissance spéciale :
« aussi il n'est personne qui ne possède l'une et l'autre
« dans une certaine mesure. Tous les hommes savent,
« jusqu'à un certain point, attaquer une opinion ou la
« soutenir, accuser ou se défendre. Les uns ne sont
« conduits que par un instinct sans règle, les autres par
« une habitude qu'ils acquièrent en s'exerçant. Dès
« qu'on arrive au même résultat de ces deux manières
« opposées, il est clair qu'on peut tracer, pour y par-
« venir, une méthode : car on peut déterminer la raison
« pour laquelle l'habitude et l'instinct réussissent éga-
« lement ; et c'est là, tout le monde en conviendra, l'ou-
« vrage de l'art. »

Ces premières lignes de la Rhétorique contiennent beaucoup d'idées en peu de mots, comme c'est l'usage d'Aristote. Essayons de les développer successivement.

« La rhétorique fait le pendant de la dialectique. »
C'est la pensée de Platon dans le Phèdre, mais plus nette
dans Aristote, qui l'a éclaircie surtout au ch. 2. La
dialectique est l'instrument de la science ; la rhétorique,
de l'opinion. L'une construit son argumentation sur des
principes absolus, l'autre sur des accidents variables et
des croyances passagères. L'une remonte laborieusement jusqu'à des propositions premières qui soient au-
dessus de la démonstration ; l'autre accepte pour point
de départ des probabilités généralement admises, qui
peuvent être des vérités, qui ne sont le plus souvent que
des vraisemblances. Je crois qu'il ne faudrait pas oublier ces réflexions quand on s'étonne du spectacle que
donne souvent, dans deux discours opposés, l'éloquence
contredisant l'éloquence avec tant d'habileté et de
succès. On s'en prend aux hommes de ce scandale appa-
rent ; on devrait plutôt s'en prendre aux choses, qui
changent si facilement d'aspect, et où ce qu'on nomme
le pour et le contre ne sont quelquefois que deux faces
voisines d'un même objet. Il est des occasions sans doute
où c'est l'orateur qui est en faute, parce qu'il n'a pas
assez de lumières dans l'esprit, ou de droiture dans le
cœur ; mais alors il est impuissant et ne saurait
tromper. Les illusions et les incertitudes que nous im-
putons aux artifices de l'éloquence, ne nous viennent
pas du dehors ; elles sont dans nos idées mêmes, et dans
la nature de l'esprit humain.

Rien de plus juste que ce que dit Aristote de l'univer-
salité de la dialectique et de la rhétorique, ces deux
forces de l'intelligence, indépendantes de tout travail
particulier. Platon avait répété sans cesse ce sophisme,
que, puisque la rhétorique ne peut pas dire que c'est à

ceci qu'elle est bonne, ou à cela, elle n'est donc bonne
à rien, de son aveu même. Aristote ruine cette argutie
et remet les choses à leur place par sa façon seule de
s'exprimer, indiquant, ce me semble, que ce prétendu
défaut est au contraire un mérite. Le droit, la médecine,
la politique appartiennent à quelques-uns; l'art de persuader est à l'usage de tout le monde. La rhétorique
n'est qu'une méthode pour le développement d'une faculté qui est dans tous, et que tout homme a intérêt à
fortifier en lui, s'il veut vivre de la vie de l'intelligence.

Efficacité de la rhétorique.

Ce qui me semble le plus remarquable dans cette introduction, est l'argumentation si simple par laquelle
Aristote établit qu'en effet il existe et qu'il doit exister
une rhétorique, un art du discours. Cette simplicité
même me paraît irrésistible. C'est la leçon de l'expérience, qui vaut mieux que toutes les théories. Il y a
une éloquence naturelle; qui en doute? Il y a aussi une
éloquence enseignée par l'exemple et cultivée par
l'exercice; qui peut le nier? Autrement les Athéniens
n'auraient pas attendu si longtemps un Démosthène, ni
les Romains un Cicéron. Donc l'éloquence n'est pas un
hasard, un caprice de la nature ou des circonstances;
car le hasard n'est pas chose qu'on imite, ou sur laquelle
on s'exerce; le hasard ne comporte pas de progrès. Là
où il y a des modèles, des études, des perfectionne-
ments, c'est que les esprits suivent une marche régu-
lière. Ils ne s'en aperçoivent pas d'abord, parce que, ne
songeant qu'à arriver, ils ne regardent point par où ils
passent; mais d'autres vont pas à pas derrière eux et
marquent davantage la trace, de façon qu'enfin les ob-

servateurs peuvent reconnaître le sentier. Ce sentier, cette voie, le mot même le dit, c'est la méthode. Ceux qui la nient n'ont qu'une ressource, c'est de nier les faits, et Aristote les a exposés avec tant de mesure qu'il n'y a rien à rabattre de ses paroles. Est-il vrai que tout homme sait, jusqu'à un certain point, soutenir un avis, plaider une cause? est-il vrai que ce que les uns font par occasion et au hasard, d'autres s'en sont fait une profession et une habitude ? Si ce sont là les choses elles-mêmes, c'est donc par la force des choses que nous reconnaîtrons à la fois l'éloquence et la rhétorique, le talent et l'art.

Mais il est bien remarquable qu'Aristote passe si légèrement sur ce sujet, et qu'il paraisse s'inquiéter si peu des objections qu'on pourrait lui faire. Déjà pourtant, avant cette époque, Lysias, au témoignage de Cicéron (*Brut.*, 12), avait soutenu qu'il n'y a point d'art de parler ; et Isocrate lui-même, dans sa jeunesse, avait exprimé cette opinion. J'ajouterai que dans le discours d'Isocrate περὶ τῆς ἀντιδόσεως, et dans la partie de ce discours qui a été retrouvée il y a trente ans, nous lisons un passage (περὶ τῆς ἀντιδ., éd. Orelli, p. 95), où l'orateur semble faire assez bon marché de l'art. Enfin j'ai dit tout à l'heure qu'Aristote lui-même, dans le Gryllus, soutenait très-subtilement ce paradoxe, que l'art oratoire ou la rhétorique n'existe pas. Mais il montre bien ici que ses propres objections ne lui semblent pas sérieuses, et qu'il ne les regarde que comme de simples jeux d'esprit. C'est un exemple frappant de l'opposition qui pouvait exister entre les deux sortes d'écrits où le philosophe exposait ses idées. Ici, en entrant dans la science, il ne se laisse pas embarrasser par les fils d'une argumentation sophistique, et, sans même se donner la peine de les dénouer, il les rompt d'un coup. Cicéron, dans ses livres sur l'Orateur, et Quintilien, dans son Institution oratoire (II, 17), auraient dû imiter cette décision et cette sûreté de jugement [1]. Mais, outre qu'ils n'avaient pas la même force de pensée, on peut dire encore qu'au temps où ils vivaient, la vérité sur cette question avait moins d'évidence. Au contraire, si jamais on a dû croire pleinement à la puissance de la rhétorique, c'est dans le siècle qui s'étend de Gorgias à Aristote. C'est l'époque où, dans des esprits polis par les beautés des poëtes, et fortifiés par les leçons des philosophes, le don de la parole devient tout à coup un art, prend des développements rapides, et atteint à la perfection. Alors le génie ne dédaignait pas la rhétorique, car c'était lui-même qui l'inventait et qui l'appelait à son aide ; alors elle n'était pas imposée par l'éducation, mais elle se recommandait seulement par les progrès qu'elle faisait faire. L'éloquence savante et artificielle se trouvait encore en présence de l'éloquence purement instinctive, et prenait sur elle un avantage qui frappait tous les esprits et les soumettait. On voyait les orateurs naître et se multiplier par cette culture; on les voyait se surpasser eux-mêmes de jour en jour, et les disciples aller plus loin que les maîtres. A cette époque d'ailleurs l'art n'était pas, comme aujourd'hui, déposé, pour ainsi dire, dans des chefs-d'œuvre classiques, dont le commerce familier supplée pour nous à l'étude directe de la science qui les a produits. Dans ces circonstances, la vertu de la rhétorique ne

---

1. Cicéron cependant avait été frappé de ce passage d'Aristote, car il le traduit dans les dialogues de l'Orateur (II, 8), où il le met dans la bouche d'Antoine.

pouvait être méconnue ; et si elle était condamnée par
des philosophes rigoureux, c'est au contraire parce
qu'elle leur paraissait trop puissante, et qu'ils la re-
gardaient comme une ennemie de la sagesse, comme
une maîtresse dangereuse d'ignorance et d'erreur.

Depuis, les grands orateurs ayant passé sans être
remplacés par d'autres, l'éloquence n'ayant plus rien
à gagner, l'art désormais étant achevé et immobile, et
là rhétorique, qui était entrée tout entière dans tous les
esprits, se trouvant partout aux prises avec elle-même,
les objections s'élevèrent de toutes parts contre son autorité ébranlée. Mais il semble qu'Aristote les a détruites
par avance, et qu'il n'y a point de réplique à cet unique
argument dans lequel il a enfermé la discussion. Ou
plutôt toute discussion est prévenue et devient inutile,
car il ne prouve point la rhétorique, mais plutôt il la
reconnaît ; et en nous transportant tout de suite au
point où on voit l'art sortir de la nature même comme
la conséquence sort du principe, il nous dispense de
descendre à la réfutation de tant de raisonnements em-
barrassés et sophistiques sur l'opposition prétendue de
la nature et de l'art.

Utilité morale de la rhétorique.

C'était surtout dans l'intérêt de la morale et du bon
droit, je viens de le rappeler tout à l'heure, que Platon,
dans ses Dialogues, avait diffamé la rhétorique. C'est
précisément au nom de la morale qu'Aristote la relève
et la consacre, opposant à des déclamations éloquentes
une justesse d'esprit imperturbable : « La rhétorique
« est utile, car le juste et le vrai valent mieux naturel-
« lement que leurs contraires ; mais si la justice n'est

« pas bien rendue, ils auront le dessous, et c'est un mal. »
L'emploi de la rhétorique est d'empêcher ce mal, en
faisant rendre justice. C'est ainsi qu'il reconnaît le
besoin qu'on a d'elle par les scandales mêmes qui avaient
découragé de grands esprits. Ainsi la mauvaise philosophie, loin de nous faire renoncer à la bonne, doit
nous y attacher davantage, comme à un moyen de défense et de salut. Celui qui rejette la science parce qu'on
en abuse contre lui, ressemble à un combattant qui
abandonnerait son épée à cause que son adversaire en a
une aussi. « La rhétorique, continue Aristote, est utile
« encore, parce que cette science pure, que les philo-
« sophes lui préfèrent, est inaccessible à la foule, et ne
« saurait faire descendre jusqu'à elle la vérité. »

Il s'arrête ici davantage aux objections, sans doute
en souvenir de son maître, et il les écarte avec bon sens
en quelques mots. Après avoir dit que s'il y a une rhétorique du mensonge, c'est parce qu'il faut, pour
déjouer le mensonge, en pénétrer l'artifice, il mêle et il
confond ensemble les intérêts de la vérité et ceux de
l'art par cette simple remarque, que la bonne cause est
plus facile à plaider que la mauvaise, toutes choses
égales d'ailleurs [1]. Cette phrase est moins ambitieuse
que la célèbre maxime : *Orator est vir bonus ;* mais elle
est plus inattaquable. C'est un principe de l'art, l'autre
est plutôt le vœu et la recommandation d'une âme
honnête.

Aristote réduit l'éloquence à l'argumentation.

Mais Aristote est lui-même un moraliste rigoureux
outre mesure quand il demande que l'orateur se ren-

---

1. Ὡς ἁπλῶς εἰπεῖν.

ferme dans le raisonnement et dans la preuve, et ne
veut pas qu'il essaye d'agir sur la sensibilité du juge.
C'est, dit-il, comme si on voulait se servir d'une règle,
et qu'on commençât par la courber. Cette comparaison
spirituelle manque cependant de justesse. L'essence de la
règle est d'être droite ; au contraire, l'état naturel de
l'homme n'est pas de dépouiller la sensibilité, qui est la
moitié de lui-même, pour se réduire à l'autre moitié.
Dans les choses qui nous intéressent, bien comprendre
et bien sentir ne sauraient se séparer. La morale elle-
même veut que le cœur prenne parti pour ce que l'esprit
reconnaît comme vrai et comme bon. L'orateur ne doit
pas repousser la calomnie sans la livrer à l'indignation
des gens de bien ; il ne défendra pas l'honnête homme
outragé sans appeler l'affection et le respect de tous sur
sa tête. Non, ce n'est pas fausser en nous le jugement,
c'est le redresser plutôt, c'est épurer notre justice, que
de nous demander notre pitié pour celui qui est plus
malheureux que coupable, ou d'irriter notre colère contre
la bassesse insolente. En un mot, s'il n'y a point d'orateur sans la logique, il n'y en a point non plus sans la passion. Voyons où nous conduiraient d'autres principes.
Aristote va déjà bien loin. Il veut qu'on ne plaide que le
fait devant le juge, c'est-à-dire si telle chose est ou n'est
pas, si telle autre a eu lieu ou n'a pas eu lieu. Mais ce
fait est-il ou non un délit ? le délit est-il grave ou
léger ? c'est sur quoi le juge ne doit consulter que la loi
et non les parties. Qui ne voit qu'à ce compte il ne faut
pas même plaider le fait, mais seulement produire les
pièces et les témoins, qui suffiront pour éclairer la sagesse
du juge ? Qui ne comprend qu'en certaines circonstances
les témoins seraient de trop eux-mêmes aussi bien que

les avocats, et que le juge, en se déclarant instruit,
pourrait supprimer d'un seul coup tout débat comme
toute défense ?

Ce n'est pas là que va la pensée d'Aristote ; ses paroles
n'expriment rien autre chose que son sentiment sur ce
qui se passait autour de lui ; elles s'expliquent par l'histoire d'Athènes. Sa censure s'adresse à ces tribunaux
remplis d'une foule turbulente et aveugle, qui venait y
siéger à la journée pour trois oboles, et se dédomma-
geait de ses misères et de ses humiliations de tous les
jours par l'exercice despotique et capricieux de sa puissance. Quand on a lu les Guêpes, et qu'on a encore sous
les yeux le juge, l'accusé et le défenseur, un procès
criminel tout entier, on comprend le vœu d'Aristote.
Ce juge, ou plutôt ce maître, il fallait le flatter, l'a-
muser, le séduire par la parole, quelquefois par l'argent ou par des moyens pires encore. Quand le tribunal
n'était pas pour lui un marché, c'était au moins un
théâtre : il lui fallait du spectacle ; et qu'était-ce que
ces péroraisons pleines de gestes, de larmes et de cris,
sinon de vraies scènes de tragédie ? Aristote avait-il
tort de penser que l'art de jouer ces scènes n'est pas la
rhétorique, et d'opposer à cette parodie de la justice les
tribunaux mieux réglés de certaines villes, et dans
Athènes même la sagesse de cet Aréopage, qui cependant permettait aussi quelquefois d'étranges écarts, si on
en croit certains récits ?

Mais pourquoi exagère-t-il au point de mettre en
dehors de la rhétorique l'art de parler aux passions,
qui en fait partie aussi nécessairement que les passions
font partie de l'homme ? Est-ce parce qu'il juge l'homme
avec ce chagrin philosophique dont Platon avait donné

l'exemple, et qui inspira plus tard les stoïciens? C'est aussi, d'après ce qu'il nous dit lui-même, parce que les rhéteurs du temps, par une exagération contraire, réduisaient toute la rhétorique aux exordes insinuants, aux amplifications véhémentes et aux péroraisons pathétiques. Ils oubliaient que le fond de la persuasion est dans les raisons qui s'adressent à l'intelligence; car c'est fort bien de s'échauffer, mais sur quoi s'échauffera-t-on? Ce n'est pas tout d'appeler la passion, il faut que la passion ait où se prendre; l'émotion qui ne s'attache pas à des idées est quelque chose de superficiel, qui ne dure pas plus longtemps que le mouvement des bras de l'orateur ou la grimace de son visage. Répétons-le donc avec Aristote, comme une leçon utile dans tous les temps : la preuve, c'est le corps du discours, c'est la substance de l'éloquence, c'est l'aliment même de la passion; et si Démosthène, Cicéron, Pascal, Bossuet ont été les plus grands orateurs du monde, c'est qu'ils étaient en même temps les plus forts des raisonneurs [1].

Définition de la rhétorique (ch. 2).

Toute cette introduction aboutit à une définition de la rhétorique : « La rhétorique consiste dans la faculté « de découvrir tous les moyens possibles de se faire « croire sur tout sujet. Ἔστω δ' ἡ ῥητορικὴ δύναμις περὶ « ἕκαστον τοῦ θεωρῆσαι τὸ ἐνδεχόμενον πιθανόν. » On sait avec quel soin Aristote compose ses définitions, et comme il en pèse scrupuleusement tous les termes; nous

1. Il est remarquable que chez les Grecs le mot qui exprime le discours, λόγος, est le même qui signifie le raisonnement ou la raison. Ils n'en ont pas d'autre pour rendre l'idée de l'éloquence.

pouvons choisir celle-ci pour l'étudier comme un modèle du genre.

C'est une *faculté*, une puissance de l'esprit, et non pas une science particulière.

Découvrir les moyens de persuasion; il ne dit pas employer, car la rhétorique est indépendante de l'emploi qu'on en peut faire.

Elle est également indépendante du succès; c'est pourquoi il dit, les moyens *possibles*. Il ne croyait pas, comme M. Jourdain, que l'escrime fût l'art de tuer son homme et de n'être jamais tué.

Se *faire croire :* cette expression vague embrasse tous les moyens de persuasion, le sentiment aussi bien que la preuve. En effet, Aristote reconnaît, comme tous les rhéteurs, que ces moyens sont de trois sortes : les arguments, les mœurs, les passions. Les nécessités de la pratique le font bien vite renoncer à une théorie exclusive et fausse; il lui suffit de s'être acquitté avec sa conscience comme philosophe; il prend maintenant l'art tel qu'il est.

Enfin il ajoute, *sur tout sujet*, et rien ne paraît en même temps plus vrai et plus étrange. L'orateur sait-il donc toutes choses, ou bien est-ce qu'il a le don de se faire croire même sur ce qu'il ne sait pas? Il y a là un paradoxe qui a beaucoup exercé la philosophie des Grecs, toujours subtile et curieuse. Remarquons que l'orateur qui prétend persuader a deux objets différents à connaître : l'un qui peut changer sans cesse, c'est le sujet qu'il se propose de traiter; l'autre qui ne change jamais, c'est l'esprit humain, qu'il retrouve partout où il s'adresse. Si la première de ces deux sciences lui manque absolument, il est évident qu'il sera réduit à se taire;

mais ce cas extrême est rare. Si, au contraire, il a quelque connaissance de son sujet, fût-elle empruntée et imparfaite, il fera valoir le peu qu'il possède au moyen de cette connaissance des hommes, qui lui servira toujours. Il pourra donc arriver qu'il soit mieux écouté, qu'il ait plus d'autorité et plus d'action qu'un autre plus savant que lui, mais qui ignore le grand secret de se faire comprendre et de se faire croire. Et si l'on ajoute que dans les questions qui partagent les grandes assemblées, les considérations morales et politiques ont en général beaucoup plus d'importance que tout le reste, on regardera comme un droit et comme un bien cette prépondérance de la parole, qui semblait un scandale à des philosophes mécontents.

Les différents points aperçus et marqués par Aristote dans cette définition de trois lignes, ont fourni des disputes interminables aux dialecticiens qui l'ont suivi. Les Latins même, nourris des livres des Grecs, se sont enfoncés comme eux dans ces subtilités, et si on veut voir ce que tous ces efforts ont amassé de nuages, il faut lire les dix derniers chapitres du second livre de Quintilien. Il discute sur le nom de la rhétorique, sur son essence, sur sa fin, si elle est utile, si elle est une vertu, si elle est un art, et quelle est sa place parmi les arts; et il présente sur chacun de ces problèmes tant de solutions, il les réfute si bien une à une, qu'il est impossible, quand la sienne arrive, qu'elle paraisse mieux établie. Les difficultés dont il a entouré les explications des autres l'enveloppent tout à coup lui-même, et l'esprit renonce à espérer que la lumière se dégage du choc des définitions et des arguments. Je ne me jetterai pas dans cette mêlée je m'en tiens à la définition d'Aristote, et si celle-là même paraissait aujourd'hui trop minutieusement exacte, il ne faudrait s'en prendre qu'aux subtilités dont Platon avait embarrassé ces questions. Car, ainsi que l'a remarqué Voltaire, à propos de la Logique d'Aristote [1], c'est l'abus des équivoques et des sophismes qui a amené ce grand esprit à donner les formules du syllogisme, et à soumettre à des règles précises et rigoureuses les définitions et les raisonnements.

De l'Enthymème.

C'est ici qu'Aristote entre dans les détails de son sujet, et commence l'étude de la preuve et de l'argumentation oratoire. L'instrument de la preuve, c'est l'enthymème. Ce mot n'exprime pas simplement, comme chez nous, un accident extérieur du raisonnement, qui consiste en ce qu'une des deux prémisses n'est pas exprimée; c'est là une distinction superficielle et sans aucune importance. Quand Aristote appelle l'enthymème le *syllogisme oratoire*, il entend par syllogisme une déduction rigoureuse et scientifique, par enthymème, un raisonnement fondé sur l'opinion, et sur ces probabilités qui suffisent dans la pratique des affaires. C'est ce que toute la Rhétorique fait entendre, et c'est ce qu'il a exprimé positivement dans les Premiers Analytiques (II, 29, 2) : « L'enthymème est un syllogisme fait avec des vrai-« semblances, Ἐνθύμημα μὲν οὖν ἐστι συλλογισμὸς ἐξ εἰκότων. »

Des Εἴδη et des Τόποι.

« Mais, dit Aristote, il y a entre les enthymèmes « une grande différence, et que personne n'a aperçue. »

1. *Dict. Philos.*, au mot *Aristote*.

Cette différence, la voici : quand on conclut par exemple du plus au moins, ἐκ τοῦ μᾶλλον, on fait un argument qui peut s'appliquer à toute matière, et qui ne se fonde ni sur le droit, ni sur la politique, ni sur aucune connaissance des choses physiques ou morales, mais sur les lois mêmes du raisonnement. Ce sont là des cadres où tout peut rentrer, et c'est pourquoi on les appelle des lieux communs, ou simplement des lieux, τόποι. Au lieu de cela, quand on raisonne d'après certaines notions particulières, l'argument ne peut s'appliquer qu'aux matières auxquelles se rapportent ces notions. Il est alors spécial, ou selon les espèces, κατὰ τὰ εἴδη.

En un mot, les τόποι ne sont que des formes logiques, et en poussant l'analyse un peu avant, on trouvera que le premier des lieux est la loi même du syllogisme, qui consiste à conclure pour le cas particulier ce qui a été établi en général; on pourrait l'appeler le lieu du général au particulier.

Τὰ εἴδη, au contraire, ce sont les observations, les faits ou les idées, qui font la matière du raisonnement, et sans lesquels les formes sont vides.

Voici maintenant l'importance de cette distinction. Si la rhétorique n'est qu'une faculté générale indépendante de toute application, un procédé de démonstration et de persuasion, pour ainsi dire, où prendra-t-elle ces notions spéciales, ces opinions et ces principes, sans lesquels elle ne produirait rien, puisqu'elle travaillerait sur rien?

Ce sera dans la philosophie morale et politique; là est le fonds que l'orateur mettra en œuvre avec l'instrument de l'argumentation, et c'est ainsi qu'Aristote a pu dire : La rhétorique tient à la fois de la dialectique et de la morale, παραφυές τι τῆς διαλεκτικῆς εἶναι καὶ τῆς περὶ τὰ ἤθη πραγματείας.

Mais il n'a point abusé de cette analyse comme l'ont fait plus tard les philosophes de son école, reprenant la dialectique d'un côté, la morale et la politique de l'autre, et laissant la rhétorique entre ces deux choses comme un vain mot. Avec moins de rigueur et plus de justesse, il a compris que si la rhétorique, considérée abstraitement et en idée, n'a pas d'existence à part; si l'orateur, à le prendre de cette manière, n'a pas une science à lui, il a néanmoins dans la pratique un emploi particulier à faire de la science : qu'il n'est pas un dialecticien ni un philosophe de profession, mais qu'il emprunte seulement à la philosophie certaines ressources pour venir à bout de certaines difficultés; enfin, qu'outre la dialectique et l'éthique absolues, il y a une dialectique de l'orateur, une éthique de l'orateur, et que c'est ce qui doit composer un traité de rhétorique.

Cependant, de ces deux choses, les rhéteurs n'en étudient qu'une, et c'est la moins importante. Ils font un peu de dialectique, les uns plus, les autres moins; ceux-ci se bornant à passer en revue les noms et les formes des différentes sortes d'arguments, ceux-là entrant dans la théorie des topiques. Mais pour une éthique oratoire, un inventaire des observations et des principes que la science morale et politique fournit à l'orateur, et qui sont les vraies sources du raisonnement, c'est ce qu'Aristote seul a fait, c'est par où son livre est original; et aujourd'hui encore cette théorie n'est pas moins neuve que lorsqu'il remarquait qu'elle était aussi ignorée qu'importante, μάλιστα λεληθυῖα σχεδὸν πάντας.

*3

Théorie du raisonnement oratoire dans Aristote. Analyse de l'idée de l'utile (chap. 5, 6, 7).

Mais cependant cet inventaire, peut-on jamais espérer de l'établir, même d'une manière incomplète? N'est-ce pas vouloir mesurer l'infini, que de prétendre dresser la liste des idées et des sentiments par lesquels nous donnons prise à l'orateur? Telle est sans doute la première impression; mais l'observateur qui arrête un regard patient sur le spectacle mobile de son âme, s'aperçoit à la fin que la variété qui l'étonnait est plus apparente que réelle, et que les influences qui entraînent nos déterminations sont en général toujours les mêmes. C'est ainsi que toutes les langues de la terre, et dans chaque langue tout ce qui a jamais été écrit ou parlé, n'est que la combinaison d'une trentaine d'articulations qui forment un alphabet universel. Cependant la pensée de l'homme est plus variée que son langage, et Aristote n'a pu tout dire; mais il nous a donné une méthode à suivre, c'est à nous de l'appliquer. D'ailleurs il a borné sagement ses recherches à ce qui intéresse l'orateur; c'est pourquoi, négligeant, dans le trésor de notre intelligence, et les principes qui ont produit les sciences particulières, et ces notions métaphysiques trop abstraites pour être accessibles à la foule, et ces vues de l'imagination dont s'inspire la poésie, il s'est renfermé dans l'étude des motifs et des impressions qui déterminent dans les assemblées publiques les suffrages et les volontés.

Afin de mettre de l'ordre dans cette étude, il a tracé d'abord (ch. 3) une grande division, qui lui a été indiquée par la distinction des trois genres de discours public que l'on connaissait de son temps. C'est le *délibératif*, employé dans l'assemblée du peuple pour soutenir un projet ou pour le combattre ; le *judiciaire*, comprenant les accusations et les défenses en justice ; l'*épidictique* ou discours d'apparat, offert comme un spectacle à des auditeurs curieux par un orateur qui n'avait aucune fonction publique, et qui parlait pour faire montre de son talent. Telle est cette division célèbre des trois genres, qui n'exprime, comme on voit, qu'un fait, et qui n'aurait pas dû soulever tant de discussions.

Ensuite, Aristote a remarqué que le grand motif de persuasion qu'on fait valoir dans les délibérations publiques, c'est l'intérêt ou l'utile ; dans les débats judiciaires, c'est le droit ; dans les discours d'apparat, qui sont ordinairement des éloges, on regarde surtout ce qui est beau et honorable. Il importe donc avant tout à l'orateur d'analyser avec soin ces trois idées, de l'utile, du juste, du beau, qui décident de nos opinions ; et tous les principes du raisonnement oratoire se trouvent dans cette triple analyse.

Cette pensée paraît bien simple, tant elle est d'accord avec l'expérience et le sentiment intérieur ; mais on la trouve profonde à la réflexion, et on reconnaît qu'elle va bien au delà des études vulgaires sur les diverses parties du discours et sur les tropes. Je ne puis croire que l'apprenti orateur, qui entend avec indifférence les dénominations et les définitions savantes des figures de pensées et des figures de mots, ne fût pas frappé si on lui disait : Vous essayez de persuader les autres, et de leur faire adopter vos sentiments et vos décisions. Eh bien, ceux à qui vous parlez sont des hommes, occupés de leurs intérêts, d'ailleurs partisans

de l'équité, et sensibles à tout ce qui est grand. Vous
réussirez donc si vous faites voir que vous ne demandez
rien que de profitable, de juste et de noble. Mais ce
n'est pas assez de le dire, il faut le prouver; que vous
manque-t-il pour cela? C'est de savoir à quelles mar-
ques on peut faire reconnaître les avantages ou les in-
convénients d'un projet, par où et pourquoi les choses
nous intéressent et nous blessent, comment notre choix
se fixe entre deux objets qui ont d'abord partagé notre
esprit. C'est de bien apprécier ce qui fait le juste ou l'injuste, de discerner les impulsions auxquelles on a cédé,
les intentions qu'on a témoignées, les circonstances qui
atténuent la faute, ou qui l'effacent, ou qui l'aggravent.
C'est de reconnaître sûrement dans les actions le côté
louable ou le côté faible, de démêler les délicatesses
de l'honneur, de mesurer l'héroïsme, de juger le beau
dans la morale avec la même étendue et la même finesse
que le connaisseur le juge dans les arts. Apprenez ces
secrets, soit par vos observations personnelles, soit en
profitant de l'expérience des autres, et à quelque sentiment que vous vous adressiez, vous ne manquerez jamais de bonnes raisons.

C'est ce qu'enseigne Aristote. Il commence (ch. 5) par
l'étude du genre délibératif, c'est-à-dire par l'analyse
de l'idée de l'utile [1]. Ces analyses sont véritablement le

1. Je passe le chap. 4, employé à indiquer à l'orateur les divers sujets
qu'il peut avoir à traiter dans les délibérations publiques. Voici sur ce
chapitre la remarque de Voltaire : « Aristote veut qu'un orateur soit
« instruit des lois, des finances, des traités, des places de guerre, des
« garnisons, des vivres, des marchandises. Les orateurs des parlements
« d'Angleterre, des diètes de Pologne, des états de Suède, des pre-
« gadi de Venise, etc., ne trouveront pas ces leçons d'Aristote inutiles.
« Elles le sont peut-être à d'autres nations. »
Il me semble qu'on a quelque plaisir à relire aujourd'hui cette plainte,

corps de sa méthode; je suivrai donc avec quelque détail celle qui se présente la première; elle suffira pour
faire connaître le fruit qu'on peut tirer d'une Rhétorique
conçue sur ce plan.

Les assemblées délibérantes se laissent donc en général déterminer par l'intérêt, par l'utile; elles cèdent à
la considération d'un bien qu'on leur fait espérer, d'un
mal qu'on leur fait craindre. Mais qu'est-ce que l'utile?
qu'est-ce qui est un bien ou un mal? Aristote distingue
les biens positifs, sur lesquels tout le monde est d'accord,
des biens d'opinion, qui tirent leur prix de notre manière de voir et qui en dépendent. Il dresse d'abord la
liste des biens positifs, qui ne sont autre chose que les
divers avantages dont la réunion composerait, si elle
était possible, ce que nous appelons le bonheur.

Ces biens sont ceux du corps, ceux de l'âme, ceux de
la fortune. Je ne m'y arrêterai pas; il me semble qu'ils
fournissent plutôt une matière pour le panégyrique, que
des moyens pour la discussion dans le genre délibératif.

Mais l'argumentation s'exercera sur ces biens d'opinion, sujets à contestation, ἀμφισβητήσιμα, et que chacun
n'entend pas de même : c'est là que souvent chaque chose
devient bonne ou mauvaise au gré des raisonnements de
l'orateur, qui tourne les esprits comme il lui plaît
(ch. 6). Vous voulez persuader à un peuple que telle
mesure est avantageuse, que telle conduite est bonne à
tenir, faites-lui voir que ses ennemis en souffriront : ou
au contraire qu'elle est mauvaise et pernicieuse, mon—

quand la France est sortie enfin du nombre de ces nations pour qui la
lecture des orateurs de l'antiquité est comme un reproche et une hu-
miliation toujours présente.

trez qu'elle leur sera un sujet de joie. C'est ainsi que parle Nestor, pour rappeler Achille et Agamemnon à l'union et à la concorde : « Combien va se réjouir « Priam, et les enfants de Priam (*Il.*, α, 255)! » C'est l'argument du singe et du chat de La Fontaine :

> Nos galants y voyaient double profit à faire,
> Leur bien premièrement, et puis le mal d'autrui.

Argument qui peut tromper cependant, comme nous en avertit Aristote ; car on n'arrête pas toujours où l'on veut le mal qu'on fait ; et il peut arriver que le coup que nous avons frappé sur autrui retombe ensuite sur nous-mêmes.

C'est un bien que ce dont le contraire est un mal. Ce raisonnement est si simple qu'il semble inutile ; car n'est-il pas aussi aisé de montrer le bien directement, que de prouver qu'il est le bien par l'opposition du mal contraire ? Cependant telle est la nature de l'homme, que le contraste du mal est le moyen le plus sûr de lui faire sentir le bien. Si vous parlez pour la liberté, ne vous contentez pas d'en présenter les avantages ; étalez surtout le triste spectacle de la servitude, ses ignominies et ses misères. Si au contraire vous défendez la cause de l'ordre contre la licence, ne vous renfermez pas dans l'éloge d'un État paisible et régulier, mais plutôt marquez des traits les plus forts les folies et les horreurs de l'anarchie [1].

Le bien est dans une juste mesure de toute chose, le mal est dans l'excès. C'est la pensée d'un axiome célèbre :

---

1. Cet argument n'est autre chose qu'une application spéciale du lieu commun des contraires. Voir plus loin.

Rien de trop, μηδὲν ἄγαν, que la Grèce attribuait à l'un des sept sages. C'est le principe de toute bonne philosophie, mais en particulier de celle d'Aristote, qui est raisonnable avant tout ; on sait que dans sa Morale il a placé chaque vertu dans un milieu fixe entre un excès et un défaut. A considérer ce principe comme moyen oratoire, il n'y en a pas dont l'effet soit plus sûr, parce qu'il n'y en a pas de plus conciliant. La plupart des esprits s'effrayent de ce qui est extrême, et aiment qu'on les rassure en leur montrant qu'on ne les conduit pas trop loin.

C'est un bien à nos yeux, dit Aristote, qu'une chose pour laquelle nous avons beaucoup fait ou beaucoup dépensé. Et il cite encore deux passages d'Homère ; car Homère est pour les Grecs la source de la rhétorique comme de tous les arts. Je pourrais apporter des exemples beaucoup plus modernes, et je les prendrais autour de moi, dans telle discussion célèbre dont la presse et la tribune retentissent depuis longtemps. Qui de nous ne s'est pas écrié, comme la Junon d'Homère :

« Eh quoi! ils laisseraient aux barbares joyeux et à
« leur monarque cette proie pour laquelle tant de guer-
« riers ont péri sur la terre barbare, loin du beau ciel
« de la patrie [1]! »

Combien de fois n'avons-nous pas entendu redire ce que dit Ulysse à l'assemblée des Argiens :

« Il est honteux d'avoir persisté si longtemps pour
« s'en retourner sans la victoire : αἰσχρόν τοι δηρόν τε
« μένειν κενεόν τε νέεσθαι [2]! »

Ainsi les formules d'Aristote, sous leur enveloppe

---

1. *Il.*, β, 160.
2. *Il.*, β, 298.

vieillie et desséchée, couvrent des sentiments toujours nouveaux. Ces pages, qui ne semblaient contenir qu'une lettre morte, paraissent toutes pleines de vie, quand on vient à les déchiffrer. Les étiquettes du philosophe marquent chacune des cordes du cœur humain ; touchez celle qu'il vous indique, elle va résonner à l'instant même et répondre à votre appel.

On placera au rang des biens ce qui est envié de tous, ce qu'on se dispute avec ardeur, ce qui est généralement loué. Celui-là a *bien* agi, qui est loué même de ses ennemis et de ceux à qui il a fait du mal. Dans un autre sens, au contraire, votre conduite n'est pas *bonne* pour vous-même, si elle a l'agrément de vos ennemis. C'était une insulte au peuple de Corinthe que ce vers de Simonide : Ilion n'a pas à se plaindre des Corinthiens [1]. C'est ainsi que chez les modernes l'une des méchancetés les plus familières à la satire politique consiste à présenter le gouvernement qu'on attaque comme le serviteur complaisant des ennemis de l'État.

Faites encore valoir comme un bien ce qui a été jugé tel par quelque autorité imposante. C'est un bien que la mort, disait la sagesse antique ; car les dieux l'ont accordée, comme le premier des biens, à une sainte prêtresse qui les implorait pour deux enfants vertueux.

1. Κορινθίοις δ' οὐ μέμφεται τὸ Ἴλιον. — Aristote cite de mémoire. Le scholiaste de Pindare (*Olymp.* 13), donne le vers tel que l'avait écrit Simonide :

Κορινθίοισι δ' οὐ μανίει τὸ Ἴλιον.

Je n'ai pas à discuter ici la question difficile de savoir comment les Corinthiens avaient mérité ce reproche. M. Rossignol (*Examen critique*, p. 13 sqq.), ne me paraît pas avoir résolu la difficulté. Je reste dans mon ignorance.

Un bien nous attire quelquefois parce qu'il est facile à acquérir ; quelquefois, c'est le contraire. Étudiez surtout les pensées qui occupent actuellement vos auditeurs ; *car le désir du moment est toujours pour l'homme la mesure du bien.*

Le cœur humain est jaloux ; c'est donc pour nous un grand bien que celui que nous possédons seuls ou dont nous avons la plus grande part. Il semble à cet homme que tel avantage lui convient particulièrement, et est en harmonie avec ses goûts, ses facultés, sa naissance ; il attache alors à ce bien d'autant plus de prix. Enfin c'est un bien, dit Aristote, que ce que nous trouvons qui nous manque, quelque peu de chose que ce soit, καὶ ὧν ἐλλείπειν οἴωνται κἂν μικρὰ ᾖ. Voilà bien cette convoitise infinie de l'âme humaine, par laquelle nous nous refuserions encore au bonheur, quand le bonheur se donnerait à nous. Cet homme est arrivé presque aux dernières limites où ses souhaits pouvaient s'étendre ; on peut dire que ce qui reste au delà n'est rien : mais ce rien gêne encore son imagination, ce rien gâte son point de vue :

> O si angulus ille
> Proximus accedat, qui nunc denormat agellum !

Si on avait affaire à un auditeur indifférent, il suffirait pour l'attirer de lui présenter tel ou tel appât qu'il suivrait aussitôt sans résistance. Mais il arrive presque toujours dans les délibérations humaines que chaque parti a ses avantages et chaque conseiller ses promesses qui tiennent l'esprit en balance. Aussi, après avoir passé en revue les motifs simples par lesquels celui qui parle peut nous intéresser à sa cause, Aristote expose en dé—

tail les raisons de préférence entre deux biens opposés
(ch. 7).

Le bien qu'on désire pour lui-même, καθ' αὐτό, doit
être préféré à celui qu'on recherche seulement afin d'en
atteindre un autre, et qui n'est pas un but, mais un
moyen. Voilà encore un de ces principes qui, présentés
d'une manière abstraite, semblent être d'une évidence
stérile et d'où il n'y a rien à tirer. Nous savons cela,
dira-t-on; cela ne nous apprend rien. Mais l'analyse
psychologique n'est pas faite pour nous découvrir des
choses nouvelles et ignorées; son utilité est de nous faire
réfléchir sur celles que nous connaissons, sans doute,
mais que nous ne remarquons pas assez; c'est de nous
faire penser à considérer un objet sous tel ou tel point
de vue qui nous avait échappé. Les applications rendent
cela sensible. L'orateur qui, en parlant contre la guerre,
soutient qu'une paix honorable vaut mieux que la victoire même, puisque le plus grand prix de la victoire est
la paix conclue avec honneur, ne fait que produire un cas
particulier de la formule d'Aristote. C'est le même argument dont se servait Épicure pour démontrer que le
plaisir est le souverain bien; car, disait-il, que cherche-
t-on dans la vertu même, sinon le plaisir d'être vertueux? Pyrrhus veut conquérir la Grèce, l'Italie, la
Sicile, l'Afrique, l'Espagne, la terre entière, tout cela
on sait pourquoi :

Nous pourrons rire à l'aise et prendre du bon temps.

Mais que lui répond Cinéas ?

Hé, seigneur, dès ce jour, sans sortir de l'Épire,
Du matin jusqu'au soir qui vous défend de rire?

C'est-à-dire que le vrai bien pour Pyrrhus serait donc de rester tranquille, puisque c'est là le ἕνεκα αὐτοῦ αἱρετόν, καὶ οὗ ἕνεκα ἄλλο αἱρεῖται.

Ce n'est pas assez de comparer deux biens en eux-mêmes et absolument; comparez-les dans leurs principes et dans leurs conséquences.

Comparez-les aussi dans leur degré extrême (ὑπεροχή); celui qui, poussé à l'extrême, vous paraît préférable, est en effet celui qui vaut le mieux. On ne lit pas sans être ému, dans le livre II de la République de Platon, ce parallèle extraordinaire entre le bon et le méchant poussés tous deux jusqu'à l'idéal. D'un côté, c'est l'injustice pure, abandonnée à tous ses penchants, débarrassée de tous les périls et de toutes les conséquences fâcheuses devant lesquelles elle pourrait reculer; encouragée au contraire par les biens et les honneurs dont les hommes trompés la comblent, armée de la fortune, de la grandeur, de la réputation, de l'éloquence, en un mot véritablement souveraine. De l'autre côté, c'est le juste dépouillé de tout, et à qui il ne reste que sa justice, pauvre, humilié et impuissant, d'autant plus malheureux qu'il mérite davantage, et s'enfonçant de plus en plus dans l'infortune à mesure qu'il avance dans la vertu; jusqu'à ce qu'enfin enchaîné, flagellé, torturé, il arrive à la mort par les plus affreux supplices. Glaucon, qui fait ce double portrait, croit plaider contre la justice, en la représentant comme une illusion, et le juste comme étant, pour ainsi dire, la dupe des hommes et des dieux. Mais, par un art sublime, c'est une impression toute contraire que ces images produisent sur nous: c'est le juste que nous admirons, c'est lui dont nous envions les épreuves mêmes, et dont le sort, nous paraît vraiment divin. Je ne crois pas qu'on puisse trouver un emploi plus admirable de cette faculté que nous avons de juger les choses en les exagérant. O Glaucon ! s'écrie Socrate, chacun de tes deux personnages est modelé et idéalisé comme une statue [1]. Le procédé de Glaucon n'est autre que celui d'Aristote : καὶ ὧν ἡ ὑπεροχὴ αἱρετωτέρα ἢ καλλίων.

Je termine ici ce résumé, qui semblera peut-être déjà bien long. Mais comment caractériser une pareille rhétorique autrement que par des détails, et qu'en mettant à l'épreuve les moyens qu'elle fournit à l'orateur ? Cette épreuve moderne d'un art antique était délicate ; j'espère cependant qu'elle paraîtra satisfaisante, et qu'on ne trouvera pas ces analyses sans intérêt pour les études de pensée et de style qui font l'objet d'une éducation vraiment classique. Si c'est un grand mal que d'écrire sans avoir d'idées, et de s'exercer à manier les formes du style quand le fond manque à l'esprit ; si on fait sagement, pour appliquer les jeunes gens à la composition littéraire, d'attendre la fin des classes, et l'âge où l'on commence à observer et à réfléchir ; n'est-il pas bon de favoriser le travail de la réflexion, en présentant à l'intelligence ces notions morales à la fois simples et fécondes qui peuvent s'appliquer partout ? L'expérience peut les suggérer sans doute, et je n'entends pas seulement celle qu'on acquiert dans le monde par soi-même : j'entends aussi cette autre expérience qu'on puise dans la lecture des poëtes et des orateurs. Leurs ouvrages, en rapprochant les différents traits du vaste tableau de la vie, permettent ainsi à une seule vue de le saisir dans son

1. P. 361, D.

ensemble. Mais ce n'est pas assez d'avoir devant soi une grande scène, si les yeux s'y promènent confusément sans y rien distinguer; il faut apprendre à regarder et à voir, c'est ce qui se fait par l'analyse. Il n'y a point de rhétoricien qui ne sente que chacun regarde comme un malheur et comme une honte de faire une action dont ses ennemis puissent s'applaudir; mais il y en a qui, ayant à faire parler Nestor devant Achille et Agamemnon emportés par leur colère, ne penseraient pas à employer ce moyen. Tout le monde sait que l'homme dont les désirs semblent remplis, met un prix infini à la moindre satisfaction qui lui manque : quand Hydaspe s'étonne de l'importance qu'Aman attache à la vie de Mardochée, on admire dans la réponse d'Aman le cri de la passion qui s'échappe :

Non, il faut à tes yeux dépouiller l'artifice.
J'ai su de mon destin corriger l'injustice.
Dans les mains des Persans jeune enfant apporté,
Je gouverne l'empire où je fus acheté.
Mes richesses des rois égalent l'opulence;
Environné d'enfants, soutien de ma puissance,
Il ne manque à mon front que le bandeau royal.
Cependant, des mortels aveuglement fatal!
De cet amas d'honneurs la douceur passagère
Fait sur mon cœur à peine une atteinte légère;
Mais Mardochée, assis aux portes du palais,
Dans ce cœur malheureux enfonce mille traits;
Et toute ma grandeur me devient insipide
Tandis que le soleil éclaire ce perfide.

Tout le monde se dit : Voilà la nature. Mais, sans parler même de la beauté du style et des vers, cette pensée, cette considération logique, dans son expression la plus sèche, ne serait pas venue à l'esprit de tout le monde, en traitant ce même sujet.

Est-ce donc que, moyennant ces formules, le moindre esprit puisse abonder en idées, et partager avec Homère ou Racine le beau don de l'invention ? Qui le soutiendra ? qui le croira ? personne sans doute ; mais personne ne peut contester non plus que la distance qui sépare l'esprit créateur du talent vulgaire, distance qui n'est jamais comblée, ne soit diminuée cependant par des études qui mettent la plupart des hommes au courant des découvertes que les génies éminents ont faites dans le cœur humain. Qu'est-ce en effet que l'éducation en général, et en quoi consiste-t-elle, sinon à mettre insensiblement à la portée de tous la lumière qui n'éclairait d'abord qu'un petit nombre d'intelligences, de manière que la foule, longtemps aveugle, prenne enfin sa part du spectacle ? Les grands hommes le verront toujours mieux qu'elle, mais elle en jouira aussi à un moindre degré. C'est ainsi que les arts, la poésie, l'éloquence, qui dans l'origine semblent être tombés du ciel sur quelques têtes plus élevées, descendent peu à peu sur les autres, et deviennent en quelque sorte, comme l'air et le jour, un bien commun. Et cette œuvre de l'éducation, que personne ne méconnaît, comment est-ce qu'elle s'accomplit ? On reconnaît encore que c'est par l'étude et l'imitation des beaux ouvrages. Mais cette étude peut être purement instinctive, ou au contraire intelligente et réglée : et laquelle est la meilleure, si ce n'est celle qui est la plus courte et la plus sûre tout à la fois ? Ainsi donc, pour apprendre cet art du raisonnement oratoire, qui fait le fond du talent de la parole, on ne se contentera pas de lire et de relire les puissantes argumentations de Démosthène, de Cicéron ou de Bossuet, mais on tâchera d'en pénétrer l'esprit et la méthode, parce qu'ainsi on les

saisira plus vite, et on les comprendra mieux : on ob-
servera à quel principe se rattache tel ou tel argument,
si ce principe est d'un usage fréquent, facile, avanta-
geux, comment les développements peuvent se modifier
sans que le fond cesse d'être le même. On fera enfin le
travail qu'a tracé Aristote ; on répétera ses observations,
et elles en amèneront d'autres. Car il n'a pas pu tout
dire ; et ce n'est pas un des moindres avantages à tirer
de sa Rhétorique, que de pouvoir se faire à soi-même, en
suivant sa méthode, une rhétorique beaucoup plus complète, dont le plan est déjà dans son ouvrage, mais dont
chacun, par ses études particulières, suppléera les détails.

Cette sorte de rhétorique créatrice n'était pas celle
qu'enseignaient en général les maîtres de l'art, si on
juge de ce qu'était l'art à cette époque par la Rhétorique à Alexandre. Qu'on lise, par exemple, les deux
premiers chapitres, qui traitent du genre délibératif ; on
y trouvera, bien distribuée et bien classée, la matière
des discours de ce genre ; mais le rhéteur ne nous en fait
pas saisir l'esprit. L'orateur, dit-il, doit faire en sorte
de montrer que ce qu'il propose est juste, légal, utile,
beau, agréable, facile enfin, ou du moins possible et
nécessaire ; mais il ne dit pas ce qui fait l'utile, le beau,
le juste, ce que c'est que la loi, par quels côtés les choses nous paraissent agréables, ni par où nous mesurons
la facilité ou la difficulté d'une entreprise. Il se contente
d'une courte définition des termes, puis il ajoute que
chacun de ces moyens peut être développé soit par lui-
même, soit par les ressemblances, soit par les contraires, soit par l'autorité : ce sont des classifications et
non pas des observations. Il compte sept sujets diffé-

rents des délibérations publiques. Le premier comprend tout ce qui concerne les choses sacrées, τὰ ἱερά. Sur ce chef on peut proposer, ou de conserver les cérémonies anciennes, ou d'en retrancher quelque chose, ou d'y ajouter. Pour la première proposition, on peut tirer des moyens du juste, de l'utile, du beau, de l'agréable, du possible. Du juste : il est juste en toute chose de respecter les traditions du passé; et la religion, qui a présidé à la fondation des cités, ne doit pas être arbitrairement changée par elles. De l'utile : en ajoutant aux dépenses du culte, on compromet la fortune publique et celle des particuliers; en les diminuant, on diminue la confiance des citoyens, qui s'entretient par la stabilité des institutions. Et ainsi du reste. On voit que si d'un côté les principes sont trop vagues et trop généraux, de l'autre ce sont là des applications trop spéciales. Ces arguments de détail peuvent être commodes quelquefois dans la pratique du métier d'orateur ; mais, étant renfermés dans certains cas d'où ils ne peuvent s'étendre à d'autres, ils constituent, si on veut, des exercices d'argumentation, mais non pas une méthode. Telle n'est pas la doctrine d'Aristote dans sa grande Rhétorique : à la place de ces distributions exactes et symétriques, et de ces renseignements particuliers sur telle ou telle question qu'on discute dans les assemblées, il ouvre librement et dans tous les sens des vues générales, où rien n'embarrasse la mémoire, et où tout profite à l'esprit, même ce qui n'est pas exprimé.

Comme les moyens du genre délibératif sont pris de la considération de l'utile, ceux du genre épidictique et du genre judiciaire se tirent de l'idée du beau et de l'idée du juste. Aristote analyse donc également ces deux

idées, et donne les règles de ces deux espèces de discours. Il étudie surtout longuement le genre judiciaire.
Il définit l'injustice; il examine quelles sont les choses
qui portent à être injuste; qui sont ceux qui commettent
l'injustice ; qui sont ceux envers qui on la commet volontiers. Et comme ordinairement c'est leur plaisir que
les hommes cherchent dans les actions injustes, il étudie
le plaisir, il le définit, le décrit, et passe en revue les
différentes choses qui nous donnent du plaisir. Il déter-
mine ensuite les caractères qui font une action juste ou
injuste, d'après la loi naturelle ou d'après la loi écrite,
et par rapport à la société tout entière ou aux particuliers. Il recherche quelles sont les conditions de la mo-
ralité dans nos actes. Enfin il marque les différents de-
grés qu'il peut y avoir dans l'injustice, et indique les
moyens de faire paraître tel délit plus léger que tel autre.
Je ne reproduirai pas ces analyses; on y retrouverait le
même genre d'intérêt et de mérite que dans celle des
diverses sortes de biens (chap. 9–14).

De la grande place que tient le genre judiciaire dans
les Rhétoriques.

Je remarquerai seulement qu'Aristote, qui se plaint
de la prédilection des rhéteurs pour le genre judiciaire[1],
s'en est occupé lui-même avec un soin tout particulier :
c'est de beaucoup celui qui tient le plus de place dans
son livre. C'est la même chose dans Cicéron et dans
Quintilien. En effet, il y a une raison pour qu'il en soit
ainsi : c'est que le discours judiciaire est assujetti à un
plus grand nombre de conditions extérieures, qui sont
déterminées d'avance, et pour lesquelles on peut se pré-

1. I, 1, Περὶ δὲ τοῦ δικάζεσθαι πάντες πειρῶνται τεχνολογεῖν.

* 4

parer. Rien de plus varié que les sujets des délibérations d'une assemblée, de plus imprévu que les circonstances au milieu desquelles il faut prendre un parti, de plus indéterminé que les résolutions à proposer, que les ressources à indiquer, que les objections à réfuter ou à prévenir. Devant les tribunaux, au contraire, quelle que soit la diversité des personnes ou des occasions, il y a toujours quelque chose de fixe. La loi est là, qu'il s'agit d'interpréter ; les principaux moyens pour et contre sont prévus, il ne reste qu'à les faire valoir. Les faits sont dans le passé, acquis à l'avocat, et fournissant à son argumentation un fond solide, tandis qu'à la tribune publique on ne trouve devant soi qu'un avenir inconnu, sur lequel on n'a pas de prise. En politique, on a affaire à une nation ou à un gouvernement, c'est-à-dire à une abstraction ; en justice, c'est un homme que vous avez à combattre ; et dès lors quelle riche matière nous offrent les circonstances de sa vie, ses antécédents, ses relations, ses intérêts, ses passions, ses habitudes ! que d'applications à faire de la connaissance du cœur humain ! Les témoins, les confrontations, les expertises, les pièces écrites, que de ressources pour alimenter l'éloquence de l'orateur ! Enfin, dans un tribunal, chacun a sa place et son caractère ; les rôles sont distribués ; voici le juge, le demandeur, le défendeur ; chacun fait à son tour son personnage ; c'est une pièce toute bâtie, où les paroles ne sont pas écrites d'avance, mais où l'acteur sait en gros ce qu'il doit dire et ce qu'il doit répliquer. Ne voit-on pas que l'arrangement même des parties du discours est réglé et presque invariable ? A la tribune, on peut se passer d'un exorde et aller au fait, parce qu'il ne s'agit que des choses ; mais l'avocat, qui plaide pour les personnes, ne peut trop s'empresser de recommander la cause et les intérêts qu'il défend. Ensuite vient nécessairement la narration, car ce sont les faits qui font l'objet du débat, et il faut qu'il mette tout son art à les présenter sous le jour où il veut qu'on les voie. Puis la confirmation succède, et c'est dans le discours judiciaire qu'elle a les formes les plus accusées et les mouvements les plus marqués : l'orateur politique développe une opinion et la démontre ; l'avocat conteste et argumente sur chaque point : cela est vrai, ou cela n'est pas vrai ; la loi a ce sens, ou elle a cet autre; c'est sur ces questions précises, arrêtées, et qui ne comportent qu'une solution, que s'exerce sa dialectique. L'orateur politique fait la grande guerre, l'avocat livre un combat singulier ; son argumentation est une escrime. Quant à la péroraison, la sagesse des institutions modernes en a borné les effets ; mais qu'on la prenne complète et puissante comme elle a été chez les anciens, faisant frémir les auditeurs de colère, ou leur arrachant des gémissements et des pleurs, et on comprendra qu'elle n'était vraiment à sa place que dans le discours judiciaire.

On voit assez que l'éloquence des assemblées délibérantes est plus libre, plus soudaine, plus personnelle, plus indépendante en tout point des usages et des conventions : il est donc tout naturel qu'elle ait moins occupé les maîtres de rhétorique. Mais on a pu reconnaître, par l'analyse que j'ai précédemment reproduite, qu'Aristote est loin de l'avoir négligée, et qu'il a donné à l'orateur une ressource toujours prête, celle de la philosophie et de l'observation.

C'est une chose remarquable, pour le dire en passant,

qu'il en est des Poétiques comme des Rhétoriques. Elles ont aussi leur sujet préféré : c'est l'étude de la poésie dramatique, et en second lieu celle de l'épopée. Pourquoi? parce que la poésie lyrique, didactique ou satirique, n'a d'autre forme que celle que lui donne le caprice du poëte; tandis que dans le poëme épique, et surtout dans le drame, sa puissance créatrice est limitée par une multitude de conditions auxquelles il faut qu'il s'accommode, et les procédés savants par lesquels il vient à bout d'y satisfaire sont ce qui constitue l'art.

Appendice. — Du désordre de l'exposition dans la Rhétorique d'Aristote. Des subtilités d'Aristote. Intérêt que présente la Rhétorique étudiée historiquement.

Avant de passer au second livre d'Aristote, je m'arrêterai encore au premier, que je considère comme représentant suffisamment sa méthode et sa manière, et j'examinerai les défauts qu'on peut reprocher à ses analyses. Ces défauts sont la subtilité dans les idées, et un désordre dans l'exposition qui produit parfois l'obscurité.

Ce désordre n'étonne pas ceux qui ont seulement jeté les yeux sur d'autres ouvrages d'Aristote; il n'y en a pas un qui de ce côté satisfasse complétement l'esprit. Les érudits et les philosophes disputent encore aujourd'hui sur l'ordre dans lequel il faut placer les quatorze livres de la Métaphysique; et il se trouve des arguments pour établir que ce qui est à la fin serait peut-être mieux au milieu, et réciproquement. Mêmes difficultés pour la Politique; et le savant professeur qui l'a traduite le dernier a cru en effet devoir déranger l'ordre accoutumé des livres. Le petit livre de la Poétique n'est pas un des moins embarrassants; en avons-nous la fin? y a-t-il

des lacunes dans le texte? c'est ce qui n'est pas éclairci.
On attendrait du moins plus de clarté d'un ouvrage sur
les sciences naturelles; cependant les Recherches sur les
animaux ont soulevé les mêmes doutes. L'éditeur français, Camus, n'est pas sûr de la place de chaque livre,
et il nous apprend que Réaumur reprochait à l'ouvrage
entier de manquer d'ordre et de lumière. Faut-il impu-
ter cette confusion aux héritiers de Nélée de Scepsis,
qui, à ce qu'on prétend [1], jetèrent pêle-mêle dans leurs
caves les écrits d'Aristote? gens pires encore que l'igno-
rant de La Fontaine; lequel, du moins, portait son
manuscrit *chez son voisin le libraire.* On a assez dit tout
ce que ce récit a d'invraisemblable; et d'ailleurs, puisque nous possédons tous les mots du texte, comment
n'aurions-nous pas ressaisi l'ordre des idées, si cet
ordre était bien rigoureux? Il vaut mieux dire qu'Aristote lui-même n'a pas apporté assez de soin à la composition de ses livres; qu'il y a jeté ses pensées comme
elles lui venaient à l'esprit, et que ce ne sont guère que
des cahiers de notes, où il a déposé sa science avec toute
la liberté qu'on prend quand on ne parle que pour soi.
En général, les anciens, qui composaient avec tant de
perfection les ouvrages d'art, ne savaient pas faire un
traité. M. Villemain a dit [2] que *le seul mérite qu'on dési-
rerait au style philosophique de Cicéron, est celui qui n'a pu
appartenir qu'à la philosophie moderne : l'exactitude des
termes, inséparablement liée aux progrès de la science, et à
cette justesse d'idées, si difficile et si tardive.* Chez Aristote
non plus, l'exactitude, la justesse, l'accord ne se trouvent pas toujours dans les termes, et la manière dont

1. Strabon, XIII, p. 608. Plutarque, *Sylla*, 26.
2. Notice sur Cicéron, dans la Biographie universelle.

s'enchaînent les propositions et les développements est souvent peu satisfaisante.

Cependant, entre tous ses ouvrages, la Rhétorique est le plus lu**ide**. Les trois livres qui la composent sont parfaitement à leur place, et dans chacun d'eux il y a un plan général très-régulier. Rien de plus facile à faire que le sommaire de l'ouvrage. De la rhétorique en général ; de l'argumentation ; moyens d'argumentation particuliers à chaque genre ; genre délibératif ; genre épidictique ; genre judiciaire (parmi les moyens qui se rapportent à ce dernier genre, est comprise l'étude des passions et des mœurs). Moyens qui conviennent également à tous les genres : l'exemple, l'apologue, la sentence, l'enthymème (lieux communs pour l'enthymème). De l'élocution ; des éléments du style ; des qualités du style ; des traits brillants ; des divers genres de style. De la disposition et des parties du discours : exorde, narration, confirmation, péroraison.

Ce n'est donc que dans l'exposé des détails qu'il se trouve de la confusion et du désordre, mais cela arrive assez souvent. Il est difficile d'en donner des exemples, car il est à craindre que l'exposé de cet embrouillement de mots et de pensées ne soit lui-même embrouillé. Mais qu'on relise les divers endroits où Aristote parle de ce qu'il appelle τὸ ἦθος ou τὰ ἤθη, on le trouvera très-confus. Ici (I, 2) il annonce comme le second des trois moyens de persuasion, l'emploi des mœurs oratoires, ἦθος, et comme le troisième, celui des passions, πάθη. Là (II, 1), exprimant à peu près les mêmes idées, mais dans d'autres termes, et sans se servir du mot ἦθος, il ne dit que quelques mots des mœurs oratoires, et passe à l'étude des passions. Puis tout à coup, un peu plus loin (II, 12), ayant fini cette étude, et quand on n'attend plus rien, il continue sans aucune explication : Quant aux ἤθη, etc., et il décrit les mœurs des jeunes gens, des vieillards, etc., ce qui est tout autre chose que les mœurs oratoires. Ce n'est pas tout ; il comprend cette fois dans les ἤθη les πάθη comme n'en formant qu'une partie (première phrase du chap. 12). Je sais bien qu'ici il n'y a au fond aucune confusion dans les choses, mais il y en a beaucoup dans l'expression. J'en dirai autant du mot ἐνθύμημα, et des divers sens qu'il lui donne, ou qu'il a l'air de lui donner ; quelquefois il semble qu'il ne mette entre le syllogisme et l'enthymème d'autre différence que celle de la forme, tenant à une proposition ou exprimée ou sous-entendue. Ailleurs il paraît, et c'est bien certainement sa pensée, qu'il oppose ensemble, sous ces deux noms, deux sortes de raisonnement qui diffèrent essentiellement et en principe.

Tout le second chapitre du premier livre est très-pénible à déchiffrer. La distinction de l'εἰχός, du σημεῖον, du τεκμήριον, n'est pas plus nette que celle du syllogisme et de l'enthymème. Je ne pourrais le faire bien voir qu'en le traduisant ; mais à quoi bon traduire des choses aussi peu satisfaisantes ?

Au commencement du chapitre 5, Aristote dit que le but de tous les hommes, c'est le bonheur, ἡ εὐδαι-μονία, et ses différentes parties : c'est par la considération des choses qui nous approchent du bonheur ou qui nous en éloignent, qu'on déterminera nos résolutions ; c'est donc ce qu'il faut étudier tout d'abord. En effet, il commence par définir le bonheur en général, et il fait cette définition de quatre manières ; puis il recherche les divers éléments dont le bonheur se compose, et les définit aussi successivement. C'est la naissance, la fortune, une longue vie; c'est d'être heureux en enfants et en amis; ce sont les qualités du corps, santé, beauté, force; celles de l'âme, sagesse, justice, courage, modération, etc.; cela remplit plusieurs pages. Puis, au chapitre 6, tout recommence, on remonte de nouveau au principe. Cette fois, ce n'est plus le bonheur, c'est l'utile ou le bien, τὸ συμφέρον, τὸ ἀγαθόν. Suit une définition très-savante de ce qu'il faut entendre par le bien, et des idées particulières comprises sous cette idée générale. Voici, continue Aristote, les différentes espèces de biens. D'abord le bonheur, ἡ εὐδαιμονία. Puis la justice, le courage, la modération et les autres vertus. Ensuite la beauté, la force, et les autres qualités du corps. Après cela les amis, la fortune, la réputation, etc. On voit que le chapitre qui précède est comme non avenu; tout ce qu'il contient est repris ici, plus brièvement, il est vrai, mais non pas sous la forme d'une récapitulation. Ce sont des définitions nouvelles, des distributions nouvelles aussi; ce qui tout à l'heure était le tout, n'est plus maintenant que la partie; en un mot, les deux chapitres paraissent tout à fait indépendants l'un de l'autre; il semble qu'on ait mis le second dans un cahier, longtemps après y avoir mis le premier, et sans prendre la peine de le relire.

Je ne donnerai pas d'autres exemples; en voilà assez pour faire comprendre le défaut que j'ai signalé. Mais que conclure de tout cela? Faut-il reconnaître que cet Aristote, tant célèbré comme le premier logicien du monde et comme l'esprit le plus scientifique, était un philosophe sans méthode? Ce mot de méthode pourrait

nous tromper. Il signifie la route ; mais il faut distinguer
la route par laquelle les penseurs vont à la découverte
de la vérité, de celle par laquelle un maître conduit ses
élèves à travers les vérités une fois trouvées. Il y a
une méthode pour l'invention ; il y en a une pour l'enseignement ; c'est la dernière qui manque trop souvent
dans Aristote. Quant à la méthode pour découvrir, qui
l'a possédée mieux que lui ? et où paraît-elle mieux que
dans la Rhétorique ? Quoi de plus véritablement philosophique que cette recherche des différents motifs par
lesquels l'orateur peut nous conduire, et que la réduction
de ces motifs à trois idées principales sur lesquelles
porte tout discours public ? Rien certainement n'est plus
lumineux, rien n'éclaire davantage le travail caché que
l'éloquence fait dans nos âmes. La confusion dans
Aristote est toute extérieure ; c'est celle d'une pensée qui
se produit au dehors avec la même liberté qu'elle se
présente à l'entendement ; c'est une insouciance de la
forme, qui marque un esprit toujours impatient d'aller
au fond, et qui n'a pas de temps à perdre. Elle ne
saurait cependant être approuvée. La clarté de l'expression est utile au maître comme aux disciples, car elle
l'oblige à ne rien dire sans être sûr de ce qu'il dit. Je
ne doute pas que la Métaphysique, par exemple, si elle
était plus claire, ne gagnât aussi en solidité, et même
en profondeur. Mais en même temps je me persuade
que si Aristote s'était astreint à composer, sur chacun
des objets de ses études, un traité bien ordonné, sa merveilleuse activité n'aurait pas suffi à écrire seulement la
moitié de ce qu'il nous a laissé d'ouvrages. S'il s'est
trouvé un homme chez les anciens pour professer la
science universelle, c'est qu'il n'avait aucun des em-

barras que la science traîne après elle aujourd'hui ; et ce n'est pas le moindre de ces embarras que de conserver toujours la netteté des termes, l'enchaînement naturel des propositions, et la proportion dans les développements.

Venons aux subtilités d'Aristote. La subtilité est le vice radical des Grecs ; leur finesse dégénère en raffinement, leur vivacité en intempérance. Poëtes, orateurs, philosophes, tous abusent du raisonnement et de l'analyse ; sous un sentiment très-vrai, sous un parfait bon sens, on aperçoit chez eux des curiosités de dialectique ou de langage qui ne semblent pas sérieuses. Dans Platon même et dans Aristote il y a déjà quelque chose des sophistes byzantins. Et il n'est pas inutile de remarquer combien le *divin* Platon, orateur et poëte autant que philosophe, est plus subtil encore et plus ergoteur qu'Aristote, ce génie analyste et dialecticien.

J'ai déjà signalé ces quatre définitions du bonheur formulées coup sur coup dans une même phrase. C'est dans le même chapitre (chap. 5) que l'auteur, nommant la force corporelle, ἰσχύς, parmi les éléments du bonheur, s'exprime ainsi mot à mot : « La force est la faculté qu'a un homme d'en mouvoir un autre comme il « veut ; or, il ne peut le mouvoir qu'en le tirant, ou « en le poussant, ou en le soulevant, ou en le faisant « plier, ou en l'écrasant : l'homme fort sera donc fort « par toutes ces facultés ou par quelques-unes. » L'idée de la taille, μέγεθος, et celle de la vitesse, τάχος, ne sont pas moins singulièrement analysées.

Mais pourquoi tout cet appareil de définitions laborieuses ? pour rien autre chose, je pense, que pour

avoir le plaisir de définir. Ce sont des articles de dictionnaire que le philosophe s'amuse à rédiger chemin
faisant.

Passons à des choses plus intéressantes, à des analyses
d'idées. Qu'est-ce que le bien (chap. 6) ? C'est ce qui est
désirable pour soi-même; Ce pourquoi nous recher-
chons autre chose; Ce qui est désiré de tout ce qui
existe, ou de tout ce qui a la pensée et le sentiment,
ou de ce qui viendrait à les avoir ; Ce que l'esprit de
chacun lui présente comme un bien; car en chaque
chose, ce que l'esprit de chacun lui présente comme
un bien est en effet un bien pour lui; Ce dont la présence nous rend contents et satisfaits; Ce qui se suffit ;
Ce qui produit ou ce qui conserve tout cela; Ce que
tout cela accompagne; Ce qui empêche le mal contraire
ou le détruit. Mais une chose en accompagne une autre
de deux façons; ou elle vient en même temps, ou elle
vient à la suite : ainsi, savoir vient à la suite d'apprendre, se bien porter et vivre vont ensemble. Une chose
en produit une autre de trois manières ; par exemple,
se bien porter produit la santé, prendre des aliments
produit la santé, faire des exercices produit aussi d'ordinaire la santé. Cela posé, on devra regarder comme
bien l'accession des biens, ou l'éloignement des maux ;
car l'un a pour accompagnement la privation du mal,
et l'autre a pour suite la jouissance du bien. C'est encore
un bien que le remplacement d'un moindre bien par un
plus grand, ou d'un plus grand mal par un moindre ;
car, en ne considérant que l'excès du plus grand sur le
plus petit, c'est encore là accession d'un bien ou éloignement d'un mal. — Je ne fais absolument que
traduire.

Il est difficile de ne pas être rebuté par l'entassement de tant de propositions abstraites; et, parmi ces équations, il y a des identités qui ne semblent pas apprendre grand'chose. Qu'on lise encore ces définitions, au commencement du chapitre 7 de la Rhétorique : Disons qu'un objet est *plus grand* qu'un autre quand il contient l'équivalent de cet objet, et quelque chose au delà; qu'il est *plus petit*, quand il y est contenu. On se sert des termes *plus grand*, *plus*, par rapport à ce qui est moindre; des termes *grand*, *petit*, *beaucoup*, *peu*, par rapport à la mesure générale des choses : ce qui est au delà de cette mesure est grand, ce qui reste en deçà est petit, de même pour le peu et le beaucoup. — Tout cela est parfaitement juste ; c'est le fondement de toutes nos idées sur les nombres et sur les grandeurs; c'est sur ces principes que reposent l'addition et la soustraction : mais l'orateur, que tirera-t-il de tout cela, et quelles ressources pour la persuasion trouvera-t-il dans ces axiomes ?

Disons qu'Aristote, au moment où il écrivait ces choses, oubliait l'orateur et la rhétorique, pour se laisser aller au plaisir d'analyser une idée abstraite, ou de déterminer la compréhension d'un mot. Il définissait, divisait et distinguait, non parce qu'il était besoin de le faire, mais parce que cela donnait un exercice et une satisfaction à la faculté dominante de son esprit. Quand les Grecs eurent commencé à apercevoir le mécanisme du raisonnement et du langage, ils le trouvèrent si curieux, ils furent si épris de leur découverte, qu'ils le firent jouer à tout propos, comme un enfant qui possède une montre pour la première fois la fait sonner toute la journée.

Qu'on se reporte donc aux dialogues de Platon, qu'on y écoute Prodicus discourant, et s'interrompant à chaque parole pour marquer la différence entre deux synonymes ; qu'on suive dans tous ses détours la dialectique de Socrate, aussi sophistique souvent que celle des sophistes ; qu'on essaye de comprendre le Parménide, et quelques dialogues qui sont également sans conclusion, à mon avis, et qui ressemblent à des opérations d'algèbre faites sur une formule première dont les signes n'auraient pas de signification; on saura jusqu'où la pensée peut se laisser entraîner par les mots; on jugera qu'Aristote, en comparaison, est bien sobre et bien raisonnable. Mais laissons Platon, et ces questions abstraites de métaphysique ou de logique, où les subtilités viennent se placer, pour ainsi dire, tout naturellement. Prenons Thucydide, un historien, un homme de guerre, qui ne traite que des affaires et des événements publics, et qui ne fait parler que des politiques ; le cours de son éloquence n'est-il pas comme encombré par les définitions, les distinctions, les oppositions, tous ces produits laborieux de l'analyse du langage ? On sait qu'un défaut frappant dans le dialogue des Tragiques est que leurs personnages raisonnent trop souvent et trop savamment. Et certainement on n'a jamais argumenté avec plus de précision et de rigueur sur les bancs d'une école, que ne font la plupart des personnages d'Euripide dans ces scènes où il met aux prises deux adversaires, pour toucher le spectateur par un combat de raisonnements encore plus que de passions.

Ces rapprochements peuvent servir d'abord à expliquer la manière laborieuse et subtile d'Aristote dans

certains passages tels que ceux que j'ai cités. Mais ils
répondent aussi au reproche général qu'on a fait à la
Rhétorique d'être sèche, aride et difficile à lire. Chez
un peuple dont l'esprit curieux se plaisait à suivre les
circuits de l'ironie socratique, et s'amusait au théâtre
à voir en scène, pour ainsi dire, des syllogismes et des
dilemmes, un ouvrage didactique pouvait-il avoir une
forme trop sévère? N'était-ce pas un mérite à Aristote
d'épargner les mots, et de mettre dans chaque ligne
une observation, une réflexion, un précepte? — Mais il
y a des remarques sans application, des analyses sans
résultat. — Je les ai fait voir, et je ne prétends pas les
justifier toutes. Mais, pour quelques-unes du moins, ne
peut-on pas soutenir, que, tout inutiles qu'elles sont
dans la pratique, elles ont cependant quelque intérêt
pour l'esprit, et que le philosophe serait fâché qu'Aristote ne les eût pas faites? Ne nous accoutument-elles
pas à démêler nos idées? N'ont-elles pas cette utilité
générale de donner à l'intelligence une finesse et une
étendue qui feront en mainte occasion sa supériorité?
Et n'en serait-il pas de ce luxe philosophique comme de
certaines parties des sciences mathématiques, qui ne
semblent d'abord que des curiosités difficiles, et où on
croit que l'esprit dépense ses forces sans profit, mais où
au contraire il les nourrit et les augmente, et d'où même
il peut sortir un jour, grâce à un hasard heureux, quelque application inattendue?

Ces analyses d'Aristote, que j'ai considérées jusqu'ici
philosophiquement, présentent une autre espèce d'intérêt, quand on les étudie en ce qu'elles ont d'historique,
c'est-à-dire quand on y cherche la trace des idées et des

habitudes du temps. Je suis déjà entré dans cette vue pour me rendre compte de la sévérité avec laquelle Aristote renferme l'éloquence dans la preuve, et pour m'expliquer sa division célèbre des trois genres du discours. J'ai indiqué ces recommandations du quatrième chapitre, où il appelle l'attention de l'orateur sur tous les objets qui intéressent un peuple libre. En critiquant ces définitions longuement étalées de la force ou de la beauté du corps, de la taille, de la vitesse, je me rappelle les quatre grands jeux où l'on déployait ces dons, et les odes où les chantait Pindare. Il n'y a qu'un Grec qui ait pu songer à faire entrer dans l'énumération des biens désirables à l'homme ce qu'Aristote appelle la vertu agonistique, précieux composé de la taille, de la vitesse et de la force. Tout ce chapitre (chap. 5) est plein de détails où se marque un sentiment tout païen de ce que valent les avantages de la chair et du sang, les présents de la nature ou de la fortune. Cette noblesse d'un peuple qui se vante d'être né du sol, αὐτόχθων, n'y est pas oubliée; et comment le serait-elle, quand tous les orateurs attiques répètent et développent continuellement cet éloge? Cette πολυτεχνία, nom intraduisible pour nous, est souvent célébrée aux temps antiques : c'est cette couronne d'enfants dont parle l'Écriture : *Environné d'enfants, soutiens de ma puissance,* dit Aman dans son orgueil. Mais ce n'est pas assez, pour un État comme pour un homme, d'avoir des enfants nombreux, s'ils ne sont accomplis : et cela, continue Aristote, je le dis des femmes comme des mâles; car là où les femmes ne sont pas ce qu'elles doivent être, par exemple à Lacédémone, on peut dire que l'État n'est prospère qu'à moitié, σχεδὸν κατὰ τὸ ἥμισυ οὐκ εὐδαιμονοῦσι. Cette phrase est de Platon [1] ; mais le dédain de l'antiquité pour les femmes ne paraît-il pas dans la peine même que prend la philosophie, pour établir qu'après tout elles forment dans la société une moitié, qui doit être comptée aussi bien que l'autre ?

Voyez comme il insiste sur la propriété, sur ses formes diverses, sur les différentes conditions qui en changent la valeur ; comme il appuie sur ces honneurs extérieurs dont les anciens étaient plus prodigues encore que les modernes, panégyriques en vers et en prose, récompenses en terres ou en présents, préséances, tombeaux, statues, repas du Prytanée, sacrifices, adorations. Le temps n'est pas loin que les Athéniens élèveront dans leur ville trois cent soixante statues à Démétrius de Phalère.

Ce même philosophe qui s'écriait un jour : « Mes amis, il « n'y a pas d'amis [2] ! » compte cependant parmi les biens de la vie le grand nombre des amis, πολυφιλία. C'est qu'il entend par là ces associés à l'aide desquels on fait son chemin dans la vie, ces instruments qui procurent, comme il dit plus loin, tant d'avantages, φίλος ποιητικὸν πολλῶν. C'est cette πολυφιλία que Cicéron a en vue dans plus d'un endroit de son traité sur l'Amitié ; c'est à quoi pensait Horace quand il dit que l'âge mûr est le temps où l'on se fait des amis, *quærit opes et amicitias*.

Il est curieux de voir Aristote compter au nombre des biens la bonne chance, εὐτυχία (chap. 5). C'est bien le sens de ce mot ; il l'explique par l'exemple d'un homme qui trouve un trésor que nul autre n'avait aperçu ; ou

---

1. *Lois*, p. 806, C.

2. Ὦ φίλοι, οὐδεὶς φίλος. (Diog. Laërce.)

de plusieurs personnes qui périssent dans un endroit où elles ne sont venues que cette seule fois, tandis qu'une autre qui y venait tous les jours n'y était pas cette fois unique. De pareils caprices du hasard semblent un fond bien mal assuré pour bâtir une argumentation. Mais la superstition s'y attachait chez les anciens, et y mettait volontiers le sens qui convenait à l'orateur [1]. Eschine, dans le discours contre Ctésiphon (p. 73), ne fait qu'agrandir cette idée, lorsqu'il soutient très-positivement que Démosthène a sur lui un mauvais sort, et qu'il porte malheur à la république et à la Grèce. Démosthène le réfute d'une manière sublime (p. 311), mais il ne se moque pas de cet argument, il le prend au sérieux; il semble reconnaître qu'il y a dans les événements certaines lois mystérieuses qui font qu'on est constamment heureux ou malheureux; seulement il ajoute que c'est la fortune du monde entier qui est mauvaise, et que la fortune d'Athènes a moins souffert que toute autre dans cette révolution universelle; puisqu'en fléchissant un moment sous l'ascendant d'un homme, Athènes a conservé du moins son courage, sa grandeur et sa primauté.

Au chapitre 15, où il s'agit des preuves extérieures, telles que les lois, les témoignages, les conventions, etc., Aristote compte les poëtes parmi les témoins qu'on peut produire en justice. Il y ajoute les oracles; et en effet, on trouve à la fois, dans les discours des orateurs attiques, des oracles, et des tirades d'Homère, de Solon, ou des tragiques. Ce qui est plus remarquable encore,

---

1. Voyez dans l'oraison funèbre de saint Césaire, par saint Grégoire de Nazianze, les réflexions qu'inspire à l'orateur l'heureux hasard par lequel Césaire, dans un tremblement de terre, fut préservé.

*5

c'est l'aisance avec laquelle le philosophe énumère tous les expédients dont le plaideur peut se servir pour faire valoir ces *moyens extérieurs* s'ils lui sont favorables, ou pour montrer qu'ils ne valent rien s'ils lui sont contraires. C'est surtout au sujet du serment qu'il déploie toutes ses ressources. Ou bien, dit-il, vous déférez le serment à votre partie et vous l'acceptez vous-même, ou vous ne faites ni l'un ni l'autre, ou vous déférez le serment sans l'accepter pour vous, ou enfin vous l'acceptez pour vous en déclinant le serment de la partie. Si vous déférez le serment, vous direz qu'il n'y a rien de plus sacré dans le monde ; que votre adversaire n'a pas besoin de chercher d'autres juges, puisque vous lui offrez d'être son juge à lui-même ; que les parties ne sauraient refuser un serment que les juges prêtent les premiers d'après la loi. Si au contraire vous refusez le serment de la partie adverse, vous représenterez qu'un serment est trop facile à faire; que vous vous en rapportez plutôt aux juges qu'à votre ennemi; qu'en jurant, il gagnerait son procès, tandis qu'assurément il le perdra. S'il vous défère le serment et que vous le refusiez, vous direz que votre refus prouve votre délicatesse; qu'il ne faut pas jurer pour une affaire d'argent ; qu'un malhonnête homme qui défère le serment à un homme de bien ressemble à celui qui, étant robuste, proposerait à un adversaire chétif de vider leur querelle à coups de poing, etc. Il a, comme on voit, réponse à tout. Il donne également beaucoup d'arguments, et des meilleurs, pour et contre la loi, pour et contre les dépositions des témoins, pour et contre les conventions écrites. Et il termine tout simplement par ces paroles : Voilà tout ce qu'il y avait à dire sur les preuves extérieures, περὶ μὲν οὖν τῶν ἀτέχνων πίστεων εἰρήσθω τοσαῦτα.

En lisant ces leçons de chicane, on a grand besoin de se rappeler la morale exposée dans l'introduction : Il faut savoir persuader le pour et le contre, non pour soutenir l'un et l'autre indifféremment (οὐχ ὅπως ἀμφότερα πράττωμεν), car on ne doit pas défendre une mauvaise cause, mais pour connaître les moyens qu'on peut employer, afin de réfuter ceux qui s'en serviraient contre la justice. Une fois quitte envers la morale par cette déclaration, Aristote n'en parle plus. Il poursuit ses analyses avec une indifférence scientifique pareille à celle du chimiste qui décrit les poisons sans s'amuser à dire que c'est un crime d'empoisonner. Cependant celui qui manie la parole avec adresse est si exposé au danger d'être trop souple et trop facile, qu'on voudrait voir le philosophe prendre plus de précautions contre ce penchant ; et la meilleure serait sans doute de montrer lui-même un peu plus de répugnance à développer tous ces expédients. Il semble aussi qu'il pourrait faire entrer le bon droit comme une donnée dans les différents problèmes qu'il propose et qu'il résout, au lieu de le tenir à l'écart comme une condition inutile, qui ne change rien ni aux opérations ni au résultat. On aurait enfin une idée plus favorable de la façon dont on plaidait et dont on jugeait à Athènes, si la rhétorique athénienne avait l'air un peu plus embarrassée du mensonge et de la mauvaise foi. On voit au contraire qu'elle en prend très-bien son parti, et que cela ne la gêne en aucune manière.

Mais le passage le plus honteux et le plus déplorable de la Rhétorique est celui qui se rapporte à la torture (chap. 15). Il n'y a que quelques lignes, et cette brièveté

même révolte. Voici d'abord comment la torture est an-
noncée : « Il y a, dit le texte, cinq sortes de preuves
« extrinsèques : les lois, les témoins, les conventions,
« les tortures, les serments. » C'est un moyen comme un
autre à produire. Remarquons qu'il ne s'agit pas de la
question donnée à un condamné, ni même à un accusé,
mais du droit qu'avait une partie de demander que les
esclaves de son adversaire fussent torturés, pour obtenir
par leurs aveux des preuves contre leur maître. Le maître, il est vrai, pouvait s'y refuser, mais cela avait
mauvaise grâce, et c'était une présomption contre lui.
Ainsi on déférait la torture comme on défère le serment.
C'est pourquoi Aristote dit : La torture est une espèce
de témoignage, αἱ δὲ βάσανοι μαρτυρίαι τινές εἰσιν. Il argumente alors comme pour le serment. Si nous déférons la
question, nous dirons que ce témoignage est le seul véritable. Si nous la refusons, nous soutiendrons que la
torture arrache également la vérité ou le mensonge ;
car les uns endurent tout plutôt que de dire la vérité, et
les autres mentent aisément pour en avoir fini plus vite.
Là-dessus, continue Aristote, il faudra donner des
exemples. La seule trace, je ne dirai pas d'humanité,
mais de bon sens, qu'on aperçoive dans ce passage, c'est
que pour la torture Aristote ne donne qu'une assertion
toute sèche, tandis qu'il apporte des raisons en sens contraire. Mais dans ses autres ouvrages il n'a rien dit de
cette absurdité atroce ; et on voit qu'ici il ne s'avise même
pas de présenter contre la torture un argument moral.
S'il n'y a pas pensé, quel oubli ! et s'il ne l'a pas osé,
quelle société que celle d'Athènes [1] !

1. La brièveté de ce passage témoigne du moins qu'Aristote ne fait
que répéter un précepte vulgaire des Rhétoriques. On le retrouve, en

Je n'ai que trop prouvé, je crois, l'intérêt historique que présentent plusieurs passages de la Rhétorique d'Aristote ; je reprends l'examen du fond, et j'entre dans le second livre.

effet, un peu plus développé, dans la Rhétorique à Alexandre (ch. 16), et non-seulement il a duré autant que la torture, mais on l'a reproduit machinalement, jusqu'à notre temps même, dans tous les traités sur l'art de parler.

L'un des Estienne, Robert III, a donné en 1624 une traduction de la Rhétorique d'Aristote, qui ne comprend que les deux premiers livres. En traduisant ce passage, son bon sens soulevé n'a pas trouvé le langage d'Aristote assez expressif ; et cette fois seulement, car il traduit très-exactement d'ailleurs, il a cru devoir ajouter à son texte ; mais il a imprimé en caractères italiques cette addition. Voici le passage (p. 86 verso et 87 recto) :

« Mais si d'aventure elles nous sont contraires et tournent au profict « de nostre adversaire, nous aurons moyen de les dissoudre et d'infir- « mer leur force, et parler en général contre les questions et tortures : « Comme seroit de remonstrer, Que ceux qui se sentent contraincts « et violentez ne disent et ne confessent pas moins les choses faulses « que les vrayes : Car il arrive aucunes fois qu'ils endurent constam- « ment la rigueur des tourmens, pour ne point descouvrir la verité : « comme aussi quelquesfois ils mentent facilement, afin d'estre plus « soudainement delivrez de la gesne. Et faut alleguer à ce propos tous « les exemples des choses ainsi arrivées, et parvenues à la cognoissance « des juges. *Or ce qu'il convient proposer c'est, Que les tesmoignages* « *tirez des tortures ne sont point certains ny veritables ; attendu que* « *par fois il se trouve des hommes forts et robustes, lesquels ayans* « *la peau dure comme pierre, et le courage fort et puissant, endu-* « *rent et supportent constamment la rigueur de la gesne ; au lieu que* « *les hommes timides et apprehensifs, avant que d'avoir veu les tor-* « *tures, demeurent incontinant esperdus et troublez. Tellement qu'il* « *n'y a point de certitude aux tesmoignages tirez des tortures.* »

On aime à voir ce Français qui prend tout à coup la parole, pour dire à sa manière ce que l'auteur grec n'a pas dit assez fortement à son gré, et pour mieux enfoncer la vérité, au moyen de ses expressions familières et vives, dans la tête de ses concitoyens.

LIVRE SECOND.

Des Passions (chapitres 1-11).

La première moitié de ce livre, qui comprend l'étude des diverses passions et celle des différents caractères, est la plus belle partie de la Rhétorique. Ces analyses sont une nouvelle application de la méthode suivie dans celles du premier livre ; mais comme elles portent, non plus sur des idées, mais sur des sentiments, elles sont encore plus intéressantes et plus délicates.

Aristote examine successivement, pour chaque passion, ces trois choses : Quels sont, par exemple, les gens sujets à se mettre en colère ? Qui sont ceux contre lesquels on se met en colère ? Quelles sont les raisons pour lesquelles on se met en colère ? Ces trois chefs sans doute rentrent facilement l'un dans l'autre, et ce n'est pas là une division prise au fond des choses. Mais enfin ce sont trois aspects divers du cœur humain, et c'est tantôt celui-ci, tantôt celui-là qui nous frappe. Cet homme s'est fâché parce qu'il souffrait, voilà le πῶς ἔχοντες ὀργίλοι εἰσίν. Il s'est fâché parce que celui qui l'insultait était son ami, voilà le τίσιν ὀργίζονται. On ne saurait regarder l'homme par trop de côtés à la fois.

L'étude de chaque passion commence par une définition exacte et curieuse ; c'est ainsi qu'il y a une définition en tête de chaque chapitre dans les Caractères de Théophraste. Celle de la colère, dans Aristote, est une des plus remarquables. Cependant c'est à ce sujet que

Cicéron fait parler ainsi l'orateur Antoine (*de Orat.*, 1, 51) : « Où est, dit-il, le grand orateur, l'homme « vraiment éloquent, qui, voulant soulever contre son « adversaire la colère du juge, s'est jamais trouvé em- « barrassé, faute de bien savoir la définition de la co- « lère ? » Mais Cicéron lui-même ne paraît pas tenir grand compte de cette objection ; car plus loin (II, 51, 52) il met dans la bouche d'Antoine un résumé des analyses d'Aristote, qui suffit pour montrer le prix qu'il y attachait. L'orateur en effet doit être déjà tout passionné au moment où il prononce son discours ; mais quand il ne fait que le préparer, ou quand il étudie ceux des autres, il est calme et froid encore, et il peut tirer un très-bon parti des définitions et des remarques les plus minutieuses.

Sans entrer dans ces analyses, car je serais entraîné à répéter tout ce qu'a dit Aristote, et à le développer en le répétant, je voudrais donner une idée de la finesse de ses observations. Quoi de plus heureux par exemple que l'explication qu'il donne du plaisir avec lequel on s'abandonne à la colère ? On ne se met pas en colère sans qu'on se promette de se venger, sans qu'on espère y réussir, et sans qu'on se venge déjà d'avance par la pensée, διατρίϐουσιν ἐν τῷ τιμωρεῖσθαι τῇ διανοίᾳ. Et on savoure alors en imagination une jouissance pareille à celle qu'on goûte dans un songe, φαντασία ἡδονὴν ποιεῖ ὥσπερ ἡ τῶν ἐνυπνίων (ch. 2).

Aristote ne se fait pas d'illusion, et ne recule pas devant les observations les plus tristes. En général, dit-il, ὡς ἐπὶ τὸ πολύ, les hommes font le mal quand ils le peuvent (ch. 5). Mais il a aussi des pensées qui font plus d'honneur à la nature humaine, comme celle-ci

sur l'amitié (ch. 4) : Un ami est celui devant qui l'on
ne rougit pas de ce qui n'est honteux que dans l'opinion, et devant qui l'on rougit de ce qui est véritablement honteux en soi.

Dois-je relever cette remarque, que les philosophes
se fâchent quand on dit du mal de la philosophie (ch. 2)?
Aristote faisait-il ici un retour sur lui-même? Avait-il
jamais eu affaire à ces imbéciles dont parle Perse, qui
trouvaient plaisant et spirituel de rire en voyant des
figures de géométrie?

> Multum gaudere parati
> Si cynico barbam petulans nonaria vellat.

Ou bien en voulait-il à ceux qui persécutent dans les
philosophes la raison et la vérité? Ceux-ci méritent en
effet la colère du sage, et ne s'en peuvent sauver que
par son mépris.

Des Mœurs ou des Caractères (chap. 12-17).

Les chapitres sur les mœurs ou les caractères, ἤθη,
sont plus remarquables encore que ceux qui précèdent.
Le portrait de la jeunesse (ch. 12) est un morceau classique que tout le monde a admiré. Nulle part la pensée
d'Aristote n'est plus fine, ni son style plus piquant.
C'est là qu'il dit que les désirs du jeune homme sont
comme la faim et la soif d'un malade, vifs et ardents,
mais sans intensité et sans force : qu'il est échauffé par
sa jeunesse comme un buveur l'est par le vin : qu'il a
l'âme élevée, *pour ce qu'il n'a point encores esté ravalé
par les miseres de la vie* [1], οὔτε γὰρ ὑπὸ τοῦ βίου οὔπω τετα-

---

1. Cette énergique traduction est de Rob. Estienne.

πείνωνται. Non-seulement tout ce développement est supérieur aux imitations d'Horace et de Boileau par l'invention et par l'abondance des idées, mais il l'est aussi par la précision et l'élégance de l'expression.

Mais Aristote a eu un autre imitateur, qui a laissé bien loin derrière lui son modèle : c'est Bossuet, dans le panégyrique de saint Bernard. Après qu'il a annoncé comment Bernard, à l'âge de vingt-deux ans, prend la résolution de se retirer du monde, et va se renfermer à Cîteaux, il interrompt son récit et s'adresse ainsi à son auditoire :

« Vous dirai-je en ce lieu ce que c'est qu'un jeune
« homme de vingt-deux ans? Quelle ardeur, quelle im-
« patience, quelle impétuosité de désirs! Cette force,
« cette vigueur, ce sang chaud et bouillant, *semblable*
« *à un vin fumeux* [1], ne leur permet rien de rassis ni de
« modéré [2]....

« Certes, quand nous nous voyons penchants sur le
« retour de notre âge, que nous comptons déjà une
« longue suite de nos ans écoulés, que nos forces se di-
« minuent, et que, le passé occupant la partie la plus
« considérable de notre vie [3], nous ne tenons plus au
« monde que par un avenir incertain, ah! le présent ne
« nous touche plus guère. Mais la jeunesse, qui ne songe
« pas que rien lui soit encore échappé [4], qui sent sa vi-
« gueur entière et présente, ne songe aussi qu'au pré-
« sent et y attache toutes ses pensées.... Nous voyons

1. Ὥσπερ γὰρ οἱ οἰνώμενοι, οὕτω διάθερμοί εἰσιν οἱ νέοι ὑπὸ τῆς φύσεως.
2. Καὶ ἅπαντα ἐπὶ τὸ μᾶλλον καὶ σφοδρότερον ἁμαρτάνουσι, παρὰ τὸ Χιλώ-
νειον · πάντα γὰρ ἄγαν πράττουσι.
3. Τοῦ γὰρ βίου τὸ μὲν λοιπὸν ὀλίγον, τὸ δὲ παρεληλυθὸς πολύ.
4. Τὸ δὲ παρεληλυθὸς βραχύ · τῇ γὰρ πρώτῃ ἡμέρᾳ....

« toutes choses selon la disposition où nous sommes; de
« sorte que la jeunesse, qui semble n'être formée que
« pour la joie et pour les plaisirs, ah! elle ne trouve
« rien de fâcheux; tout lui rit, tout lui applaudit. Elle
« n'a point encore d'expérience des maux du monde,
« ni des traverses qui nous arrivent [1]; de là vient
« qu'elle s'imagine qu'il n'y a point de dégoût, de dis-
« grâce pour elle. Comme elle se sent forte et vigou-
« reuse, elle bannit la crainte [2], et tend les voiles de
« toutes parts à l'espérance qui l'enfle et qui la con-
« duit. »

Il n'y a rien sans doute de cet éclat et de ce sublime
dans Aristote, et en présence d'une telle éloquence, on
oublie toutes les Rhétoriques. On voit bien cependant
que c'est dans les chapitres sur les mœurs que Bossuet a
pris, non pas seulement plusieurs détails, mais surtout
l'idée même de ce portrait de la jeunesse jeté au milieu
de sa narration. Si on en doutait, qu'on lise, quelques
lignes plus bas, cette autre réflexion sur les dispositions
ordinaires des hommes d'une grande naissance; c'est la
traduction d'une phrase d'Aristote (ch. 15) : « Surtout,
« dit Bossuet, les personnes de condition, qui, étant
« élevées dans un certain esprit de grandeur, et bâtis-
« sant toujours sur les honneurs de leur maison et
« de leurs ancêtres, se persuadent facilement qu'il n'y
« a rien à quoi ils ne puissent prétendre. » Εὐγενείας
μὲν οὖν ἦθός ἐστι τὸ φιλοτιμότερον εἶναι τὸν κεκτημένον αὐτήν·
πάντες γὰρ, ὅταν ὑπάρχῃ τι, πρὸς τοῦτο σωρεύειν εἰώθασιν· ἡ
δὲ εὐγένεια ἐντιμότης προγόνων ἐστί.

1. Ἅμα δὲ καὶ διὰ τὸ μήπω πολλὰ ἀποτετυχηκέναι.... ἀλλὰ καὶ ἀναγκαίων
ἄπειροί εἰσιν.
2. Τὸ μὲν μὴ φοβεῖσθαι, τὸ δὲ θαῤῥεῖν ποιεῖ. — Καὶ εὐέλπιδες.

C'est le lieu de remarquer que, parmi les modernes, l'éloquence de Bossuet paraît celle qui a été la plus travaillée suivant les procédés des anciens, je veux dire par les études philosophiques. Je n'entends pas seulement parler de cette haute philosophie sans laquelle Cicéron disait qu'il n'y a pas de grande éloquence [1]; de ces vues qui éclairent, dans leurs points les plus élevés, les choses humaines et les choses divines : je parle aussi de ces analyses délicates, et, si on veut, minutieuses, de nos pensées et de nos humeurs. Rien n'est plus familier à Bossuet; et ce travail, moins visible dans les oraisons funèbres, est très-marqué dans les sermons.

On s'étonne, en lisant cette partie de la Rhétorique, qu'Aristote signale les différences morales des âges, des conditions et des fortunes, sans parler des sexes, et sans essayer de peindre les femmes. C'est là un effet de ces mœurs qui les retenaient dans l'ombre, et les mettaient en dehors de ce qui était proprement alors la société. On sait les quelques mots que Périclès, dans Thucydide (II, 45), adresse aux veuves des morts qu'il célèbre : « C'est pour vous une assez grande gloire de ne pas être « au-dessous de ce que la nature a voulu que vous soyez, « et de faire en sorte que, soit en bien, soit en mal, les « hommes parlent de vous le moins possible. » Cette réserve et ce silence, on les étendait des personnes au sexe entier. Les femmes honnêtes ainsi soustraites à l'examen du philosophe, il ne pouvait guère songer à s'occuper des autres : enfin la science du cœur des femmes ne semble pas avoir été une chose assez grave et

---

1. *Orat.*, 4 : *Sine philosophia non posse effici quem quærimus eloquentem.*

assez sérieuse aux yeux des anciens ; ils l'abandonnaient
aux poëtes [1]. Les orateurs attiques, dans les plaidoyers
qui nous restent, parlent peu des femmes, même lorsqu'elles sont en cause. Esclaves ou libres, courtisanes
ou épouses, elles figurent moins comme des personnes
que comme des choses, et la propriété violée ou con-
testée fait le principal objet du débat. En un mot, elles
tiennent peu de place dans le discours, parce qu'elles
n'en tenaient pas assez dans la vie ; c'est un des points
où se marque cette infériorité morale de la société grecque, qui paraît d'ailleurs par tant d'endroits [2].

1. Depuis les ïambes rudes et grossiers du vieux Simonide jusqu'à la
fine comédie de Ménandre ou de Théocrite, la poésie grecque s'est
toujours occupée des femmes, pour en tracer des peintures tour à tour
satiriques ou séduisantes. Il semble donc qu'à titre de sujet poétique
elles aient dû occuper Aristote, non pas dans sa Rhétorique, qui ne
s'adresse qu'aux orateurs, mais dans sa grande Poétique, aujourd'hui
perdue. Cela est très-douteux cependant, car nous ne trouvons rien de
semblable dans l'Art poétique d'Horace. Il est bien remarquable que
dans les Caractères même de Théophraste, il n'y ait point de caractère
de femme.

2. Il est vrai de dire qu'en général les orateurs attiques racontent
brièvement les faits, et mêlent peu de réflexions à leurs récits. Il est
vrai encore qu'on n'est pas sans rencontrer chez eux de temps en temps,
à l'occasion d'une femme, une observation morale, un détail caracté-
ristique. Ainsi, dans un plaidoyer de Lysias (περὶ τραύματος ἐκ προ-
νοίας), on trouve, au sujet d'une femme qui se partageait entre deux
rivaux, un passage qui rappelle de jolis vers de la première idylle de
Théocrite : « Tantôt toutes ses préférences étaient pour moi, tantôt pour
« lui, car elle voulait être aimée de tous deux ensemble. » Ainsi, dans les
fragments du même auteur, on lit cette phrase : « Le jour où une femme
« a livré sa personne et déserté la pudeur, il se fait une révolution dans
« son esprit ; elle conçoit de l'éloignement pour les siens, elle met sa
« confiance dans des étrangers ; elle pense sur le bien et sur le mal tout
« autrement qu'elle n'avait pensé jusque-là. » On pourrait citer encore
quelques traits heureusement indiqués. Mais il n'en faut pas moins reconnaître qu'en général les femmes paraissent peu dans ces discours.
Le plaidoyer sur le meurtre d'Ératosthène, par Lysias, contient l'histoire d'un adultère ; mais dans cette narration, d'ailleurs si bien faite,

Des Lieux communs (chap. 22-24).

J'ai dit déjà ce qu'entend Aristote par *lieux* des en-thymèmes, τόποι. Ce n'est autre chose que les différentes sortes de rapports par lesquels la conclusion d'un rai-sonnement tient au principe. Les deux termes peuvent varier à l'infini, et le rapport rester le même. Cette étude appartient donc à la dialectique, et c'est en dia-lecticien qu'Aristote l'a traitée dans ses Topiques en huit livres. Il y enseigne non-seulement les *lieux* pro-prement dits, des contraires, du plus au moins, du genre à l'espèce, etc., mais aussi quelques-uns de ces moyens spéciaux d'argumentation, κατ' εἴδη, qui sont traités dans le premier livre de la Rhétorique. Ainsi au livre III des Topiques, ch. 1er, il établit les lieux pour prouver qu'une chose est meilleure qu'une autre ou plus désirable; et plusieurs des motifs qu'il donne sont les mêmes et dans les mêmes termes que ceux qu'il indique dans cette analyse de l'idée de l'utile que j'ai étudiée précédemment. Les chapitres de la Rhétorique sur les

---

combien ce qui se rapporte à la femme séduite est peu de chose! Le discours contre Nééra, de Démosthène, est bien moins dirigé contre cette femme que contre l'homme à qui elle appartient : les invectives y sont adressées plutôt au métier de la courtisane qu'à sa personne, et n'ont rien de particulier. Enfin, on chercherait en vain dans le recueil des orateurs athéniens une Sassia ou une Clodia (voir les plaidoyers de Cicéron *pro Cluentio* et *pro Cælio*). Aujourd'hui, si on faisait sur le plan d'Aristote une Rhétorique moderne, une lacune pareille à celle qu'il a laissée dans la sienne sur les femmes serait impossible. Il faut que le moraliste instruise le juge et l'avocat. Ne voyons-nous pas des tri-bunaux interroger les lettres d'une femme par une analyse curieuse, et s'efforcer de distinguer dans ses paroles le penchant d'avec la chute, le combat pénible d'avec la défaite, le trouble de la passion d'avec le trou-ble du remords? Les âmes au milieu desquelles Aristote vivait étaient loin de ces délicatesses.

lieux ne sont qu'un choix fait par Aristote de ce qui,
dans la science des topiques, lui a paru convenir plus
particulièrement aux orateurs. Cicéron ne s'en est pas
contenté; il avait étudié à fond ces huit livres des Topiques, si difficiles et si arides, et que non-seulement
les rhéteurs, mais les philosophes même de son temps
ne lisaient plus. Et il les possédait assez pour rédiger de
mémoire, et sans livre, des Topiques en latin, pour
son ami Trébatius, dans l'intervalle d'une traversée de
Vélie à Rhégium [1].

La récapitulation que fait Cicéron, à la fin du chapitre 18, suffit pour donner une idée de ce que renferme une Topique complète : La définition, l'énumération des parties, l'étymologie, les *termes conjugués*, le
genre, l'espèce, la ressemblance, la différence, les
contraires, les circonstances, les conséquences, les antécédents, les contradictoires, les causes, les effets, la
comparaison du plus au moins, ou du moins au plus,
ou du même au même; voilà absolument toutes les
sources des arguments.

Tous ces termes se retrouvent dans Aristote, ὁρισμός,
τὸ ποσαχῶς, συζυγία, γένος, εἶδος, etc.

Il faut admirer Cicéron de n'avoir pas reculé devant
de pareilles études, et quand on se rappelle tant d'autres ouvrages du même genre qu'il composa en divers
temps, ceux-ci dans sa jeunesse pour apprendre lui-
même l'art oratoire, ceux-là dans sa vieillesse pour
l'enseigner; les livres de l'Invention, les Partitions ora-

1. Voir cet ouvrage, et l'introduction de M. Le Clerc. Le petit écrit
de Cicéron, beaucoup plus court que celui d'Aristote, est moins complet, mais il est plus clair et plus méthodique. Ce n'est pas un simple
abrégé du traité d'Aristote, mais un extrait de la science contenue dans
ce traité. Le plan en est bien tracé et très-facile à suivre.

toires; j'y ajouterai même les détails techniques qui forment la deuxième partie de l'*Orator* : quand on se souvient de tout cela, on ne peut regarder comme bien sérieux les doutes qu'il a exprimés en quelques endroits sur l'utilité de la rhétorique. Il sentait la supériorité naturelle de son génie, il aimait à dire que ce génie ne se donnait pas dans les écoles. Mais qui a mieux compris la force qu'un art consommé met à la disposition de l'orateur, et qui a plus fait pour se l'assurer?

Je passe sur les chapitres qui suivent, pour arriver au dernier livre, dont la plus grande partie est remplie par les règles de l'élocution, et le reste par des conseils sur la manière de traiter les diverses parties du discours.

Appendice. — De la théorie de l'Invention dans les Rhétoriques de Cicéron, de Quintilien et d'Hermogène.

Mais si auparavant nous comparons d'une manière générale la doctrine de l'invention et du raisonnement oratoires telle que nous l'avons vue dans Aristote et telle que nous la trouvons dans les Rhétoriques postérieures, nous serons étonnés, comme je l'ai dit, de voir combien cette étude est devenue à la fois plus compliquée et moins féconde. Nous rencontrerons partout les procédés perfectionnés de la petite Rhétorique à Alexandre, livre qu'on peut regarder comme une des sources de la rhétorique qui s'est faite depuis Aristote, aussi bien que comme le résumé de celle qui s'était produite avant lui. Nous avons pour en juger, si nous ne tenons compte que des grands monuments, trois auteurs placés à trois époques différentes, Cicéron [1], Quintilien, Her-

1. Je ne parle pas des quatre livres à Hérennius, qui appartiennent,

mogène. On sait cependant combien Cicéron portait de philosophie dans la pratique de son art, et comme il se vante de la force nouvelle qu'il a puisée dans la science des choses morales. Il disait qu'il s'était formé dans les promenades de l'Académie plus que dans les ateliers des rhéteurs (*Orat.* 3). Mais dans ses livres, déterminé par l'usage de tous les maîtres, il n'a fait que remplir à son tour le cadre ordinaire des écoles ; et cette lumière supérieure qui éclairait son esprit dans le travail de la composition, il ne l'a pas répandue dans les détails de son enseignement, comme avait fait Aristote. Ce que je dis ici ne s'applique pas seulement au traité de l'Invention, ou aux Partitions oratoires, mais même aux livres *de Oratore*, ouvrage admirable, mais qui se distingue moins par une théorie élevée et originale, que par l'esprit et l'agrément des détails, par une éloquence abondante et magnifique, et surtout par l'émotion personnelle que l'orateur mêle à ses leçons.

Dans la partie technique de ses ouvrages, Cicéron, comme aussi Quintilien, fournit plutôt à son élève des artifices et des expédients que des principes. Tous deux enseignent, sous ce titre de l'Invention, non pas à trouver des raisons en général, mais à trouver des moyens pour l'exorde, d'autres pour la narration, puis pour la confirmation, enfin pour la péroraison. Voici par exemple la théorie de l'exorde : Votre cause est honorable, ou honteuse, ou douteuse, ou de peu d'importance. Si elle est douteuse, il faudra se proposer surtout dans l'exorde d'obtenir la bienveillance du juge ; si elle est peu importante, vous éveillerez d'abord son attention ;

quel qu'en soit l'auteur, à l'époque de Cicéron, et représentent le même état de la rhétorique qu'on voit dans ses livres.

si elle honorable, vous pourrez vous passer de tout exorde; si elle est honteuse, vous ne vous contenterez pas de l'exorde simple, il vous faudra un exorde insinuant.

Exorde simple. L'exorde a pour but d'obtenir intérêt, attention, bienveillance. On obtient de l'intérêt quand on a su obtenir de l'attention. On s'assure l'attention en promettant de dire des choses grandes, nouvelles, extraordinaires, qui intéressent l'État, ou l'auditoire, ou les dieux; en conjurant les auditeurs d'être attentifs; en faisant l'énumération des différents points qu'on va traiter. Pour les moyens d'obtenir la bienveillance, on les tire, ou de sa personne, ou de celle de l'adversaire, ou de l'auditeur, ou de la cause. De soi, en faisant son éloge avec modestie, en rappelant les services qu'on a rendus à l'État, en invoquant le souvenir de ses parents ou de ses amis; en retraçant ses malheurs, ses besoins, son abandon, sa mauvaise destinée; en demandant aux juges leur secours, et en protestant qu'on n'a d'espoir qu'en eux seuls. De l'adversaire, en soulevant contre lui la haine pour sa méchanceté, l'envie pour son orgueil, le mépris pour son abjection. Des auditeurs, en attestant la réputation d'équité qu'ils se sont faite, en leur faisant entrevoir l'honneur que leur vaudra une décision favorable, en leur représentant l'attente du public. De la cause, en soutenant qu'elle est juste autant que celle de l'adversaire est mauvaise.

Exorde insinuant. Il est nécessaire dans trois cas : si la cause a quelque chose de honteux; si l'auditeur s'est laissé persuader par l'adversaire; si l'attention de l'auditeur est fatiguée. Dans le premier cas, vous ferez abstraction des personnes pour n'envisager que le fait, ou du fait pour ne considérer que les personnes. Vous vous écrierez

*6

que les faits tels qu'ils sont allégués par l'adversaire sont révoltants, et vous amplifierez cette idée ; vous ajouterez ensuite qu'il n'y a rien de pareil dans la réalité. Vous tâcherez de vous prévaloir d'un jugement antérieur sur une affaire plus ou moins semblable. Vous protesterez que vous ne parlerez pas de ceci ou de cela, ce qui ne vous empêchera pas d'en parler ensuite. — Si les juges sont entrés dans les sentiments de l'adversaire, vous dites que vous allez tout d'abord attaquer celui-ci dans son fort. Vous affectez de reprendre ses propres paroles, et particulièrement celles par où il a fini. Vous paraissez embarrassé du choix des réponses, et fort étonné qu'on ait pu se rendre à de telles raisons. Si l'auditeur est las et distrait, vous tâchez en commençant de le faire rire ; vous débutez par un apologue, par une histoire, par une ironie, par une équivoque, par une conjecture, par un sarcasme, par une naïveté, par une hyperbole, par un jeu de mots, etc.; vous apostrophez quelqu'un, vous annoncez que vous allez répondre tout autre chose que ce qu'on attend, et que vous n'allez pas parler comme tout le monde, etc., etc.

On voit que tout est prévu et réglé d'avance ; le discours est fait et déjà écrit, sauf quelques blancs à remplir. Cette science de l'invention, qu'on livre à l'orateur, est si parfaite, qu'elle le dispense à peu près d'inventer.

Les moyens pour la confirmation ne sont pas analysés et classés moins curieusement. Discutez-vous un point de fait ? vous plaidez d'abord les probabilités, puis les convenances, puis les indices, ensuite les preuves, les conséquences, et enfin les preuves confirmatives. Est-ce un point de droit ? vous invoquez la lettre, l'esprit, la

contradiction des textes, l'équivoque, la définition,
l'interprétation, la récusation. Les preuves se tirent ou
des personnes, ou des choses. Dans la personne, il y a
le nom, le caractère, le genre de vie, etc. Dans les
choses, il y a le fait, les circonstances, les rapports,
les conséquences. Ajoutez à cela l'énumération des lieux
logiques ou τόποι, et les détails qui se rapportent à la
science du droit, vous aurez le fond de la rhétorique à
l'époque de Cicéron et de Quintilien.

Le genre délibératif, comme je l'ai annoncé, tient
relativement assez peu de place dans cette rhétorique.
Les trois livres *de Oratore* renferment à ce sujet quelques
conseils généraux, exprimés rapidement, tels qu'ils
conviennent à un entretien sur l'éloquence plutôt qu'à
un traité. Mais si on compare aux chapitres 6 et 7 de
la Rhétorique d'Aristote les passages correspondants du
de Inventione ou de la Rhétorique à Hérennius, on trouvera dans ceux-ci un plus grand appareil de science,
dans Aristote beaucoup plus de vraie philosophie et d'esprit d'observation. Le philosophe cherche et surprend
le secret de nos pensées dans nos actions, dans nos paroles, dans les vers des poëtes, échos de tous nos sentiments; c'est la vie elle-même qu'il étudie. Les rhéteurs
latins se renferment dans une nomenclature abstraite,
comme s'ils rédigeaient simplement un dictionnaire des
idées morales à l'usage de l'orateur. Ils énumèrent cinq
principes d'action : l'utile, l'honnête pur, l'honnête
mixte, la nécessité, les circonstances. L'honnête pur,
ou la vertu, comprend la prudence, la justice, la force,
la tempérance. La prudence a trois parties : mémoire,
intelligence, prévoyance. La justice a aussi trois divisions : la nature, la coutume et la loi. Puis viennent

les subdivisions : la nature comprend le sentiment reli-
gieux, les affections du sang, la reconnaissance, la ven-
geance, etc. Dans la coutume, il y a la religion établie,
l'éducation, la loi du talion, les conventions. L'honnête mixte, c'est la gloire, la considération, la grandeur, les amitiés. L'utile se divise en intérêt de sûreté
et intérêt de puissance. La nécessité est physique ou
morale. Les circonstances comprennent la considération
du temps, du lieu, de la personne, etc. Ces définitions
sans doute ont leur valeur, et elles sont plus faciles à
retenir par cœur que les observations d'Aristote, mais
elles sont bien moins fécondes pour l'esprit que cette
espèce d'enquête à laquelle le philosophe a soumis
l'homme [1].

1. On m'a fait sur ce passage une objection dont je dois reconnaître
la force ; c'est que l'observation psychologique est nécessairement le
fond sur lequel repose cette rhétorique, en apparence tout extérieure.
Par exemple, les moyens donnés dans la théorie de l'exorde pour rendre
l'auditeur bienveillant, ou pour l'irriter contre un adversaire, doivent
être pris dans l'analyse du sentiment de la bienveillance ou de celui de
l'aversion. La distinction des différents principes d'action ou des différentes vertus suppose l'étude du cœur humain et celle des idées morales. J'en conviens, et j'avoue que sans la philosophie, telle que l'ont
faite Aristote et ses successeurs, la rhétorique des écoles n'aurait pas
pu se produire, ni recevoir de si riches développements ; elle est le
fruit d'un travail curieux et fécond. Mais ce que je reproche à cette
rhétorique, c'est de nous apporter ce travail tout fait, au lieu de nous
exercer à le faire ; c'est de remplacer la méthode par une liste de ré-
sultats. Cette liste est si savamment dressée, elle a des divisions si arrêtées, si multipliées, qu'au lieu de nous être un secours, elle nous
devient une gêne ; elle fait une sorte de mécanique de l'art de penser.
La lettre étouffe l'esprit, et l'apprenti orateur est conduit à composer
un discours moins d'après une faculté qu'on développe en lui que d'a-
près un moule qu'on lui donne. Chez Cicéron, une nature puissante a
pris le dessus, mais tous les talents n'ont pas la même force ; et Cicéron
même laisse voir quelquefois, surtout dans ses premiers discours, la
trace des mauvaises habitudes d'esprit produites par la rhétorique artificielle.

La méthode de Quintilien ne diffère pas de celle des rhéteurs que Cicéron a suivis; elle se réduit également à une classification sèche et pauvre. Une seule chose la distingue, c'est que l'auteur écrit dans un temps où il n'y a plus de délibération publique, du moins sur les grands sujets. Il ne traite donc du genre délibératif que pour remplir le cadre accoutumé des Rhétoriques. Et il a soin d'avertir que ses préceptes ne s'appliqueront pas tant aux discours sérieux qu'à ces déclamations des écoles, dans lesquelles il était permis encore de parler à peu près librement aux tyrans des temps passés [1].

Mais si on pense que cette manière d'enseigner l'art

1. Je n'ai pas besoin de dire que je ne prétends pas avoir apprécié dans ces quelques lignes l'ouvrage de Quintilien. Je ne parle ici que de sa méthode appliquée au genre délibératif. Ce livre de l'Éducation de l'Orateur est une grande composition, pleine d'excellents préceptes et d'observations intéressantes, présentées dans un très-bon style par un esprit très-judicieux. Seulement on n'y trouve ni l'inspiration de la liberté, ni celle d'une grande position ou d'un beau caractère, ni une haute portée philosophique; de sorte qu'il est habituellement utile et agréable, mais non pas éloquent ni profond.

En général, je ne considère ici Quintilien ou Cicéron qu'en comparaison avec Aristote, et cela pour rechercher où est la rhétorique la plus philosophique, celle qui tient le plus intimement aux racines mêmes que l'art oratoire a dans l'esprit humain. Je n'oublie pas cette doctrine supérieure du beau idéal, si richement développée d'après Platon dans l'*Orator*; mais l'idéal est plutôt la fin générale de tous les arts que le fondement particulier de la rhétorique. Comme c'est là la science des principes qui m'occupe, je néglige le grand orateur, le rhéteur habile; je les néglige, je ne les méconnais pas. Si un critique, occupé de la riche invention d'Homère, et se reportant de là à Virgile, faisait voir que sa fable, dans son ensemble, est froide et pauvre; que son héros n'intéresse pas assez; que ses caractères, un seul excepté, manquent d'éclat et d'énergie, il n'aurait dit rien que de vrai, et cependant il n'aurait pas jugé Virgile, car il ne l'aurait étudié que du côté le plus faible. C'est ainsi qu'en mettant Aristote bien au-dessus de Cicéron et de Quintilien pour la méthode, je n'ai jugé ni Cicéron ni même Quintilien tout entier.

oratoire donne trop à la mémoire et à la routine, que
dira-t-on de la rhétorique grecque de l'époque des Antonins, telle que nous la connaissons par l'ouvrage de
ce fameux Hermogène, homme si extraordinaire, et le
prodige de son temps? Rien de plus curieux que son
traité de l'Invention, et surtout le troisième livre, qui
se rapporte particulièrement à la preuve. Sa manière
de construire une argumentation ne peut guère s'expliquer qu'à l'aide d'un exemple. Je prends un de ceux
que lui-même a donnés. Philippe faisant des incursions
dans la Chersonèse, Démosthène propose, pour la mettre à l'abri de ses attaques, de percer l'isthme. Il pourra
recommander cette entreprise à plusieurs titres, comme
étant utile, comme étant honorable, comme étant facile. C'est là ce qu'Hermogène appelle les *chefs* du discours, κεφάλαια. Arrêtons-nous à un de ces chefs, par
exemple, que l'opération est facile. Cela se prouvera
au moyen d'un argument qu'il appelle un *épichérème*.
Les épichérèmes, dit-il, se tirent des circonstances de
la chose, c'est-à-dire du lieu, du temps, de la personne,
de la nature du fait en lui-même, etc. De la personne :
il n'y a rien de difficile pour les Athéniens. Du lieu : c'est
sur une terre qui est à eux, et où ils peuvent faire leurs
préparatifs à leur aise, qu'il s'agit d'entreprendre ce
travail. De la nature même du fait : percer un isthme,
ce n'est après tout que creuser de la terre, ce qui n'a
rien de si difficile. Voilà les épichérèmes trouvés. Hermogène enseigne alors ce qu'il nomme la *mise en œuvre*
de l'argument, ἐργασία. Elle consiste à le développer par
un exemple, ou une comparaison, ou une opposition.
Ainsi, reprenant l'épichérème tiré de la chose, que
percer un isthme, c'est creuser de la terre, ce qui n'est

rien, il prend, pour la mise en œuvre, un exemple : Le grand roi a bien percé le mont Athos. Mais il ne s'en tient pas là ; il lui faut maintenant un *enthymème*. L'Athos, que le grand roi a creusé, était une montagne, et l'isthme que nous avons à percer n'est qu'une plaine. Voilà, dit-il, où paraît la finesse de l'orateur, τὸ δὲ ἐνθύμημα δόξαν δριμύτητος ἀποφέρεται. Mais voici qui est encore plus fin, c'est un *surenthymème*, ἐπενθύμημα. Le grand roi a entrepris ce travail par une ambition de conquête ; et nous, nous travaillerons pour notre défense et pour notre liberté. Nous sommes à la fin. Un chef de raisonnement, un épichérème, une ἐργασία, un enthymème, un surenthymème, voilà la construction d'Hermogène avec tous ses étages. Il est à bout de termes, mais non pas à bout de moyens. En effet, la dernière proposition qu'on a énoncée pourra être à son tour considérée comme un chef, sur lequel on bâtira un épichérème, qu'on développera par l'ἐργασία, et ainsi de suite. Si d'ailleurs on considère que pour une seule proposition il y a plusieurs chefs ; que les épichérèmes pour chaque chef peuvent se tirer de plusieurs lieux ; que chaque lieu se subdivise, et qu'une seule subdivision peut fournir plusieurs épichérèmes ; que pour un épichérème il y a plusieurs sortes d'ἐργασία ; que chaque sorte d'ἐργασία peut fournir plusieurs enthymèmes, et chaque enthymème plusieurs surenthymèmes, on est effrayé des proportions d'une argumentation poussée suivant la méthode d'Hermogène [1].

1. Voyez M. Minoïde Minas, préface de sa traduction de la Rhétorique d'Aristote, page vij. En mêlant ensemble les théories d'Aristote et celles d'Hermogène, comme si l'esprit en était le même, il fait trop d'honneur au dernier.

Voir aussi M. Rebitté, *De Hermogene, atque in universum de scri-*

Cependant il nous réservait encore une ressource plus merveilleuse, c'est l'*argumentation continue*; je traduis bien faiblement l'expression originale, τὰ ἀπ' ἀρχῆς ἐπὶ τέλους. Hermogène donne ici un autre exemple, mais j'aime mieux reprendre celui de tout à l'heure. Philippe ravage la Chersonèse, il faut percer l'isthme. Voilà une courte phrase, mais chacun de ces mots, suivant l'expression des *Femmes savantes*, dit plus de choses qu'il n'est gros. Suivons-les du premier au dernier, et ouvrons-les successivement pour en tirer ce qu'ils contiennent. C'est *Philippe*: non pas un ennemi vulgaire, peu entreprenant ou peu redoutable; c'est un homme qui n'est arrêté ni par crainte ni par scrupule; qui a déjà fait bien du mal à Athènes, qui n'aura de repos que quand il l'aura ruinée; qui enfin, étant extrême en ses desseins, ne peut être prévenu que par des résolutions extrêmes. Il *ravage* la Chersonèse; ne dites pas qu'il y a fait quelques courses, qu'il y a commis quelques dégâts; c'est une dévastation continuelle, qui ne laisse aucun relâche à cette malheureuse terre, et qui ne diffère de la conquête absolue que parce qu'elle renouvelle sans cesse les inquiétudes et les désastres. Ici on pourra placer une description. *La Chersonèse*, c'est-à-dire la plus riche possession d'Athènes, l'avant-poste de la Grèce sur la terre des barbares, etc. Je m'arrête, malgré la grande facilité de continuer, ou plutôt parce que cela est trop facile. En voilà assez pour expliquer

ptarum a technicis apud *Græcos artium utilitate vel inutilitate disqui-sitio*, 1845. L'auteur a étudié non-seulement tous les écrits d'Hermogène, mais les longs et confus commentaires de ses scholiastes. Je me félicite de n'avoir rien trouvé dans ce vaste travail qui ne confirme l'idée que j'avais prise d'Hermogène d'après la lecture de son livre sur les arguments.

ce que c'est que τὰ ἀπ' ἀρχῆς ἐπὶ τέλους. L'Intimé emploie très-heureusement, dans son immortel plaidoyer, cette méthode d'Hermogène :

> On vient, comment vient-on ?
> On poursuit ma partie, on force une maison :
> Quelle maison? maison de notre propre juge, etc.

Je me suis étendu longtemps sur ce sujet, mais j'espère qu'on me pardonnera cette digression, la Rhétorique d'Hermogène étant fort peu lue. N'est-ce pas d'ailleurs un complément utile à l'étude du livre d'Aristote que la connaissance de ces recettes puériles, et ne font-elles pas mieux valoir par le contraste la philosophie simple, élevée et pénétrante du disciple de Platon et du contemporain de Démosthène ?

Mais, sans descendre jusqu'à Hermogène et à la rhétorique du siècle des Antonins, si on se borne à rapprocher d'Aristote les nomenclatures et les classifications savantes des traités de Cicéron ou de l'Institution de Quintilien, on sent quelle gêne devaient causer à la plupart des esprits ces plans de discours si exactement tracés, et cet assujettissement à des règles qui s'emparaient de l'orateur dès l'entrée de sa composition, et le retenaient jusqu'à la fin sans le laisser jamais à lui-même. L'art oratoire était ainsi une espèce de labyrinthe où on ne pouvait s'avancer qu'avec précaution et le fil à la main : le plus habile était celui qui en avait assez visité et revisité tous les détours pour y marcher d'un pas plus sûr et plus dégagé que les autres. Nous avons vu que Cicéron ne voulait pas se laisser enfermer dans sa propre rhétorique, et qu'il demandait le grand air et les espaces libres de l'Académie. Le sentiment de cette liberté, nécessaire à l'éloquence, est la principale inspiration du livre de l'Orateur, mais aussi il est vrai de dire que l'art y tient assez peu de place; et quand il reparaît çà et là, on retrouve les formules des écoles, plutôt abrégées que simplifiées.

La Rhétorique d'Aristote est le livre qui accorde le mieux l'art préparatoire au travail de l'éloquence et la liberté de ce travail; parce qu'il donne très-peu de règles, et beaucoup d'observations. Il y a cette grande différence entre les observations et les règles, que celles-ci prétendent disposer de l'orateur, et qu'il dispose de celles-là. Quel homme éloquent, ayant à faire un discours sérieux, consentirait, pour composer son exorde, à consulter les traités de l'Invention et à en suivre les recettes? Il me semble le voir, s'il s'astreint à ces prescriptions, empêché dans tous ses mouvements, et plus attentif à son cahier qu'à sa cause. Tandis que son adversaire, qui ne sait pas les règles, le pressera à l'aventure sur la *consecutio* ou l'*approbatio*, il n'en sera encore qu'au *probabile*. Il ressemblera au Bourgeois Gentilhomme qui fait des armes avec Nicole: « Doucement « donc, tu pousses en tierce avant que je pousse en « quarte, et tu n'as pas la patience que je pare. » Mais plutôt il jettera bien loin le livre qui contient ces leçons, et s'il le sait déjà, il fera en sorte de l'oublier. Au contraire il n'aura jamais à se repentir d'avoir beaucoup observé, d'avoir étudié curieusement nos dispositions et nos humeurs, les idées suivant lesquelles agissent les hommes, leurs divers caractères, enfin les lois mêmes du raisonnement, et les rapports logiques par lesquels se tiennent nos pensées. Cicéron, plus que personne, avait étudié tout cela, et le recommande sans cesse ; mais, content de l'enseigner par l'exemple, il a donné à ce sujet peu de leçons, et ce peu il l'a emprunté à Aristote, n'espérant pas pouvoir faire mieux. C'est donc au plus ancien d'entre les ouvrages de rhétorique qu'il faut demander aujourd'hui encore les vrais principes de l'art. La théorie féconde qui fait l'originalité du livre d'Aristote ne lui a été enlevée par personne, les uns la négligeant parce qu'ils n'en comprenaient pas la valeur, les autres la regardant comme une philosophie supérieure à l'art oratoire, et qui devait rester en dehors des traités de pure rhétorique. Mais au contraire il n'y a de vraie rhétorique que dans cette philosophie, ainsi que l'annonçait Platon ; tout le reste est du métier, et là seulement est la science.

LIVRE TROISIÈME [1].

De l'Élocution.

Aristote nous apprend que jusqu'à lui la doctrine de l'élocution n'avait été qu'ébauchée. Ce témoignage prouve, ce qu'on reconnaît d'ailleurs, que les sophistes,

1. J'ai dit plus haut que Robert Estienne n'a traduit que les deux premiers livres de la Rhétorique. On ne sera peut-être pas fâché de trouver ici l'avertissement dans lequel il explique pourquoi il a négligé le troisième :

« AU LECTEUR. Aristote a faict trois livres de l'art de Rhétorique. Les « deux premiers sont icy traduits en nostre langue Françoise, avec tant qui avaient beaucoup travaillé sur le langage, s'étaient plus occupés de la grammaire et du nombre, ou de la composition de la phrase, que du mérite de l'expression. Dans cette partie de la rhétorique comme dans le reste, Aristote est allé au fond des choses; traitant du style comme il avait fait du raisonnement, il en a recherché les lois générales et les principes essentiels.

Ici encore la Rhétorique à Alexandre nous représente évidemment les Rhétoriques antérieures. On y trouve, au chapitre 22, ce que l'auteur appelle τὰ μήκη τῶν λόγων, c'est-à-dire l'art d'allonger ou d'accourcir à volonté l'expression et le discours. C'était un secret dont se vantaient les premiers maîtres de l'art, et dont Platon se moquait, après Prodicus [1]. Le discours, disait celui-ci, ne doit être ni court ni long, mais d'une juste mesure. Les chapitres suivants n'offrent pas des préceptes moins puérils. Voyez, au chapitre 24, les tours, σχήματα, pour exprimer ses pensées par couples, εἰς δύο ἑρμηνεύειν. Au lieu de dire simplement que vous

« de soin et de dexterité, qu'il est aisé d'entendre mesme les endroits « les plus difficiles, sans qu'il soit besoin d'autre interpretation. Quant « au troisieme livre, l'Auteur de ceste version s'est abstenu de le tra- « duire, d'autant qu'il contient divers preceptes d'eloquence, et obser- « vations illustres d'exemples recueillis de divers Orateurs et Poëtes, « dont la grace consiste en la diction Grecque, et y est tellement atta- « chée, qu'elle ne passe point en quelque autre langue que ce soit; « moins encore en la nostre, qu'en la Latine. Joint qu'il suffit d'avoir « appris en ces deux livres quels sont et où gisent les moyens desquels « il faut faire provision pour estre bon orateur: et en ce qui concerne « l'elegance requise pour bien user de ces moyens, chacun se peut et se « doibt gouverner selon que le permet la naïveté de sa langue. »

Quoique ce dernier principe soit excellent, on se convaincra, j'espère, par les observations qui vont suivre, qu'on peut profiter, à toutes les époques, du troisième livre de la Rhétorique, aussi bien que des deux premiers.

1. *Phèdre*, p. 267, B.

pouvez faire une chose, dites par comparaison : Je puis telle autre chose, et je puis celle-ci également ; ou bien : Il ne peut pas cela, mais moi je le puis ; ou bien : Je puis ceci, et il ne peut pas même cela ; et ainsi du reste. L'auteur ne donne que des détails de ce genre, plus que minutieux, comme on voit, et qui d'ailleurs ne se rattachent l'un à l'autre par aucun principe commun.

Différence du style poétique et du style oratoire.

Aristote lui-même, dans le petit livre περὶ Ποιητικῆς, a écrit quatre courts chapitres sur l'Élocution ; mais il y parle moins du style en général que de ce qu'on appelle la langue poétique. Dans la Rhétorique au contraire sa première recommandation est de ne pas transporter l'expression poétique dans la composition oratoire, car autre est la langue du discours, autre celle de la poésie : ἑτέρα λόγου καὶ ποιήσεως λέξις ἐστί.

C'est de tous les préceptes d'Aristote celui dont Voltaire lui sait le plus de gré. Il le développe avec complaisance, et, appuyant de cette autorité des idées qu'il a lui-même souvent exprimées pour son compte, il condamne à son aise le style de Buffon, il déprime l'oraison funèbre, il rabaisse surtout le Télémaque, ce rival importun de la Henriade. Il dit en finissant : « Rien « ne prouve mieux le grand sens et le bon goût d'Ari- « stote que d'avoir assigné sa place à chaque chose. » Mais la pensée du philosophe grec contient-elle toutes les conséquences que Voltaire en a tirées, et ces conséquences en elles-mêmes sont-elles bien justes ? C'est ce qu'il n'est peut-être pas sans intérêt d'examiner.

Ce que dit Aristote du vocabulaire particulier aux

poëtes, de ces termes et de ces formes qui sont, suivant son expression, en dehors de la langue, ὅσα παρὰ
τὴν διάλεκτόν ἐστιν, n'a pas de difficultés. Chez les Grecs
même, les prosateurs renoncèrent bientôt à recueillir
ces débris des temps poétiques, et on voit au contraire
que les poëtes eux-mêmes les rejetèrent peu à peu, jusqu'à ce que plus tard on vînt à les reprendre, comme
une ressource pour être nouveau. Quant à nous, cette
question ne nous intéresse pas, car nous n'avons jamais
eu de langue poétique : ou du moins elle était passée
déjà avant que la vraie poésie fût formée.

Mais le style peut encore être poétique seulement par
l'abondance et l'éclat des épithètes, des périphrases et
des images. Cette parure, Aristote la défend aux orateurs, et ils ne s'en étonneront pas, s'ils n'ont point
oublié l'objet véritable de leur art, qui est de conclure
et de prouver. Ce n'est point par hasard ou par convention que la parole de l'orateur diffère de celle du poëte ;
c'est par la nature des idées qu'elle remue, c'est par la
source d'où elle sort et par la fin où elle va. L'âme obsédée par des images vives ou des sentiments passionnés,
qui les répand au dehors avec des traits de lumière et de
flamme, voilà le poëte. L'esprit pénétré de l'évidence
d'une vérité, de la nécessité d'une résolution, de la justice d'une cause, qui veut faire partager à d'autres intelligences ses convictions et ses volontés, et qui les contraint à le suivre dans la voie que la réflexion lui a
ouverte, voilà l'orateur. Le premier ne veut de nous
que notre émotion, nos acclamations ou nos larmes ; le
second nous demande une détermination positive, ou
exprimée au dehors, ou arrêtée intérieurement. Celui-ci
se propose un but, et calcule ses démarches ; celui-là

suit l'attrait de la muse, et nous attire à notre tour. Il
peut arriver quelquefois que le poëte s'attache à des
idées, et qu'il développe une doctrine, ou même un
système : mais s'il ne se montre dans ses recherches plus
amoureux du beau que curieux du vrai, moins occupé
d'une argumentation qu'ému et transporté d'un grand
spectacle ; s'il n'oublie les atomes et le *clinamen* pour
chanter la bienfaisante Vénus, pour pleurer sur Iphigénie égorgée, pour rendre les joies menteuses de l'amour,
l'ennui profond de la vie, ou les amertumes de la mort ;
si enfin il ne se livre à ses imaginations pour elles-
mêmes et pour l'impression qu'elles font sur lui, il n'est
pas poëte. De son côté, l'orateur peut s'abandonner
quelquefois à des mouvements hardis et à des peintures
brillantes ; mais il ne serait plus orateur s'il se laissait
ainsi distraire et détourner de la démonstration qu'il
poursuit, et à laquelle toutes ses paroles doivent concou-
rir. L'orateur est cet homme qu'une main irrésistible
pousse devant lui : en vain, il rencontre sur son passage
des prés riants et des sources pures, il ne lui est pas
donné de cueillir ces fleurs à son aise, ni de s'abreuver à
ces belles eaux ; il faut marcher, et tout ce qu'on lui
permet, c'est d'en respirer en passant la fraîcheur.
Ainsi, ne confondons plus l'œuvre de l'éloquence avec
celle de la poésie ; ne nous en rapportons pas aux paroles de Cicéron (*de Orat.*, I, 28), qui accorde à l'orateur
le langage presque des poëtes, *verba prope poetarum* : ce
presque nous cache une grande distance, celle qu'il y a
véritablement entre Cicéron et Virgile. Le plus poëte
des orateurs est Bossuet sans doute, parce qu'il mêle une
inspiration divine aux raisonnements humains ; mais
combien une oraison funèbre de Bossuet diffère encore

7

d'une ode de Pindare! Ne nous laissons pas même surprendre s'il arrive qu'un grand poëte se montre éloquent à la tribune aussi bien que dans ses vers; mais parlons comme parle Antoine dans le dialogue de Cicéron : « C'est Crassus, dit-il, qui peut tout cela, ce n'est pas « l'orateur (I, 49). » Nous dirons de même : C'est vous qui êtes orateur, mais ce n'est pas le poëte. Et nous recommanderons toujours à ceux qui parlent pour persuader de ne pas mêler à la logique du discours, et à sa simplicité efficace, cet éclat, ce luxe et ces caprices de l'expression qui font le charme de la poésie.

Mais, en maintenant la différence essentielle du style poétique au style oratoire, rejetterons-nous avec Voltaire la prose poétique en général comme un langage faux et impuissant? Ce n'est pas du moins la pensée d'Aristote; car au commencement du περὶ Ποιητικῆς, on lit que la poésie peut s'exprimer également en prose ou en vers, τοῖς λόγοις ψιλοῖς ἢ τοῖς μέτροις. On ne peut nier cependant que le vers ne soit la langue naturelle du poëte, langue plus expressive que l'autre et plus durable : et chez les Grecs, où la variété infinie des nombres se prêtait à tous les mouvements de l'imagination, et où chaque poésie en naissant s'était créé son instrument à sa fantaisie, on ne voit pas que personne ait pris la liberté d'être poëte en prose. Aristote ne cite en exemples que les dialogues socratiques, et les mimes ou scènes comiques de Sophron; mais le comique est un genre à part, sur lequel on s'accorde aisément; et quant aux dialogues socratiques, tels qu'ils sont, par exemple, dans Platon, malgré la poésie de certains détails, ce sont bien des discussions philosophiques et non des poëmes. Le Télémaque de l'antiquité, je veux

dire la Cyropédie de Xénophon, n'a pas non plus la
forme d'un poëme, mais d'une histoire. Il n'en est pas
de même chez les modernes. Outre la poésie ordinaire,
qui s'inspire des spectacles et des sentiments du temps
présent, une autre est née chez nous de la contempla-
tion d'un passé lointain et du souvenir des vieux âges.
Celle-là n'a pas trouvé dans le vers, du moins dans le
vers français, une forme qui pût la rendre ; elle ne s'est
confiée qu'à la liberté de la prose, mais elle a donné à
la prose un caractère nouveau. De même que la Bible ou
Homère ne peuvent se mettre en alexandrins, de même
la poésie qui s'inspire de l'esprit biblique ou homérique
a besoin d'une langue qui soit à la fois antique et neuve.
La prose seule peut réussir à l'être ; le vers ne saurait se
dépouiller d'un accent moderne qui en est aussi insépa-
rable que la rime. C'est encore la prose qui est allée chercher la poésie à mille lieues de nous dans les forêts de
l'île de France ou du Nouveau-Monde. En un mot,
comme il ne faut pas espérer traduire en vers les poëtes
étrangers, nous ne saurions non plus rendre en vers une
poésie qui n'est pas sortie de notre sol et de nos mœurs.
Milton, disait Pope, n'a pas fait son Paradis en vers rimés, *parce qu'il ne le pouvait pas* [1]. Vous qui n'avez que
des vers rimés, permettez donc à vos Miltons d'écrire en
prose.

Je serais conduit bien loin si je voulais entrer dans
plus de détails, et expliquer comment une teinte de poésie peut se mêler en certains cas à des ouvrages de toute
espèce, depuis le roman jusqu'à l'histoire naturelle. Ce

---

1. Voltaire , *Dict. Philos.*, au mot *Épopée* et ailleurs. Ce n'est pas
ainsi que Voltaire l'entend , ni peut-être Pope ; mais je crois qu'il faut
l'entendre ainsi.

* 7

pourrait être le sujet d'une dissertation particulière ; ici j'en ai peut-être déjà trop dit, car ce n'est pas une Poétique, mais une Rhétorique que j'analyse. Je finirai en remarquant qu'il n'est pas facile de déterminer ce que l'expression peut comporter de parure, soit dans la prose oratoire, soit dans le simple discours. Qui croirait, en effet, qu'Aristote condamne comme ambitieuses ces métaphores : La morale est le rempart des lois ; L'Odyssée est un beau miroir de la vie humaine ; Tu avais semé honteusement, et tu as moissonné misérablement? Tout cela, dit-il, est trop poétique, et ôte au discours son naturel (chap. 3, vers la fin). Il n'y a pas quatre-vingts ans que Voltaire portait sur quelques phrases, nouvellement hasardées alors, des jugements qui ne nous paraissent guère moins sévères [1]. Nous ne sommes pas si délicats sur les métaphores aujourd'hui. Nous conclurons de là deux choses : nous avouerons d'abord qu'il y a dans le goût une partie relative et changeante, mais en même temps nous reconnaîtrons qu'il est utile, dans une époque où les traits brillants et raffinés sont à la mode, de remonter par l'étude à la simplicité surannée des classiques, pour apprendre à se défier d'un luxe dont on pourrait être trop ébloui.

---

1. *Dict. philos.*, au mot *Français, Langue française.*

Voici quelques-unes des phrases qu'il critique :

« Il faut mettre sur le compte de l'amour-propre ce qu'on met sur le « compte des vertus. »

« L'esprit se joue à pure perte dans ces questions. »

« Je cultivais l'espérance, et je la vois se flétrir tous les jours. »

Cette dernière phrase est de Rousseau, ainsi que quelques autres. Voltaire ajoute : « Tels sont les excès d'extravagance où sont tombés des « demi-beaux-esprits qui ont eu la manie de se singulariser. »

Éléments du style (chap. 2-4).

Qu'est-ce que le style? Aristote ne le définit pas expressément, mais on voit par son livre l'idée qu'il s'en fait, et cette idée n'a rien d'ambitieux. On a dit depuis : Le style, c'est l'homme [1] ; ou plus modestement : Le style, c'est l'ordre et le mouvement qu'on met dans ses pensées [2] ; mais ces vues élevées, quelque justes qu'elles soient, sont peu pratiques, et il n'y a guère d'observations ou de préceptes de détail à en tirer. Le style, pris dans sa partie supérieure, dans ce qu'il a de personnel et d'original, et considéré comme le reflet du génie propre de l'écrivain, est évidemment incommunicable ; il peut être un objet d'admiration, mais non pas un sujet d'étude. Ce qu'une Rhétorique peut analyser avec fruit, c'est la matière du style, c'est-à-dire les moyens que la langue met à la disposition de l'écrivain, et dont il faut qu'il apprenne à se servir habilement, comme un peintre de ses couleurs. C'est là, en fait de style, ce qui peut s'apprendre, et c'est ce qu'a enseigné Aristote, qui pense toujours à l'application. De même que sa théorie sur la Preuve n'est autre chose qu'une analyse des principes et des procédés du raisonnement, sa doctrine sur l'Élocution n'est aussi qu'une analyse des éléments du langage. C'est toujours l'observation attentive des faits, mais une observation intelligente et large, qui ne con-

1. C'est ainsi du moins qu'on a transformé et qu'on cite partout la phrase de Buffon, qui a dit seulement, en opposant le style aux connaissances, aux faits, aux découvertes : « Ces choses sont hors de l'homme, « le style est l'homme même. » (*Discours de réception à l'Académie.*)

2. Buffon, *ibid.*

fond pas les objets dans une généralité vague, et ne les
éparpille pas non plus dans des distinctions minutieuses, mais détache et saisit du premier coup les points
principaux, et, en y plaçant la lumière, éclaire ainsi
tout à la fois.

On sait ce que c'est que les éléments du discours en
grammaire, le nom, le verbe, la conjonction, etc.
Cette classification se rapporte à la langue : elle est
bien vulgaire aujourd'hui, elle était neuve au temps
d'Alexandre : Aristote, s'il ne l'a pas faite, l'a retra-
vaillée, et n'a pas craint de remplir un chapitre et demi
de la Poëtique de ces détails grammaticaux. C'est dans
le même livre qu'il a présenté une autre classification
des mots, considérés par rapport au style, non plus
dans leur valeur comme signes, mais dans leur effet
comme expressions. La Rhétorique nous y renvoie. Il y
a, dit-il, le mot propre, κύριον ; la γλῶσσα ou mot pris
hors de la langue commune ; le mot composé, διπλοῦν,
πολλαπλοῦν, etc. ; le mot figuré, μεταφορά ; enfin l'épithète d'ornement, κόσμος ou ἐπίθετον, qui comprend aussi
ce que nous appelons la périphrase. Quelques-unes de
ces ressources ne conviennent guère qu'aux poëtes,
comme les mots doubles ou triples, employés surtout
par les lyriques, et les γλῶσσαι, dont les épiques font
un grand usage. Pour les prosateurs, et les poëtes dra-
matiques, dont la langue est à peu près celle de la
prose, il leur reste, avec le mot propre, l'épithète et
l'expression figurée. Il faut d'abord que le style soit
clair, et c'est à quoi sert l'expression propre ; mais il
faut aussi qu'il soit orné, qu'il ait quelque chose de
neuf, d'inaccoutumé, d'extraordinaire, car ce qui nous
est familier ne nous touche pas ; nous ne sommes épris

que de ce que nous ne voyons pas tous les jours, θαυμασταὶ τῶν ἀπόντων. Il ne faut pas que l'orateur parle absolument comme un de nous : s'il n'y a rien dans son langage qui nous surprenne, il sera comme le Persan de
Montesquieu quand il a dépouillé son costume [1] ; personne ne fait plus attention à lui.

Je crois qu'on est assez convaincu aujourd'hui de cette
nécessité de mettre dans le style du relief et des sur-
prises, mais on oublie ce qu'Aristote recommande in-
stamment aussi, de rester simple et naturel. C'est le
moyen, dit-il, de vous faire croire : si vous voulez
être trop brillant, on se défiera de votre style, comme
on fait des vins mêlés (ch. 2). Mais qu'est-ce que le naturel en fait d'art? c'est que l'art ne paraisse point, διὸ
δεῖ λανθάνειν ποιοῦντας.

De la Métaphore.

On ne connaissait peut-être pas encore au temps
d'Aristote, et on ne trouve pas dans sa Rhétorique ces
longues listes de figures, chargées de plus de cinquante
noms, qui rebutent la mémoire, et même l'intelligence,
par la difficulté de saisir les distinctions imperceptibles
qui les séparent. Quelle est, par exemple, la différence
précise entre la métonymie et la synecdoque? Il n'y a
pour Aristote ni synecdoque ni métonymie : il réduit
toutes les figures de ce genre à la métaphore, dont
il fait l'analyse au 21e chapitre de la Poétique. Il faut
remarquer surtout celle qu'il appelle μεταφορὰ κατ'
ἀνάλογον. Quand on appelle la vieillesse, comme a fait
Empédocle, le couchant de la vie, δυσμὰς βίου, c'est

1. *Lettres Persanes*, lettre 30.

qu'on reconnaît qu'il existe entre la vieillesse et la vie le même rapport qu'entre le coucher du soleil et le jour. Il y a là deux rapports égaux ; il y a donc, suivant Aristote, une *proportion* [1].

La définition est déjà singulière, mais il ne s'en tient pas là. Cette proportion, La vieillesse est à la vie ce que le soir est au jour, peut se retourner de la manière suivante : Le soir est au jour ce que la vieillesse est à la vie. D'où l'on tire cette autre métaphore, Le soir est la vieillesse du jour [2].

Aristote va même jusqu'à donner une espèce de *règle de trois*, par laquelle l'écrivain trouvera un terme figuré pour suppléer au terme simple qui lui manque. Vous direz par exemple que le soleil *sème* la lumière, quoique *semer* ne soit pas ici le mot propre ; mais, n'ayant pas de verbe qui soit avec la lumière dans le rapport que vous voulez marquer, vous en prenez un qui est dans ce même rapport avec la graine : οἷον τὸ τὸν καρπὸν μὲν ἀφιέναι, σπείρειν, τὸ δὲ τὴν φλόγα ἀπὸ τοῦ ἡλίου, ἀνώνυμον· ἀλλ' ὁμοίως ἔχει τοῦτο πρὸς τὸν ἥλιον, καὶ τὸ σπείρειν πρὸς τὸν καρπόν.

Il n'y a rien de plus conforme aux règles de l'arithmétique ; cela pourrait s'écrire algébriquement. S'il y a des mathématiciens qui ne comprennent pas la poésie,

1. Τὸ δὲ ἀνάλογον λέγω, ὅταν ὁμοίως ἔχῃ τὸ δεύτερον πρὸς τὸ πρῶτον καὶ τὸ τέταρτον πρὸς τὸ τρίτον· ἐρεῖ γὰρ ἀντὶ τοῦ δευτέρου τὸ τέταρτον, ἢ ἀντὶ τοῦ τετάρτου τὸ δεύτερον, *Poét.* 21. Ces idées sont reproduites plus brièvement dans la Rhétorique même, à la fin du 4ᵉ chapitre du livre III.

2. *Ibid.* On sent assez que cette seconde métaphore n'est pas à beaucoup près aussi naturelle que la première, et que l'application de cette prétendue loi de renversement serait souvent très-peu satisfaisante. On peut fort bien mettre en évidence une abstraction par une image, mais non une image par une abstraction.

cette façon de considérer le style figuré doit les récon-
cilier avec elle. Cependant on n'admettra pas, et Aristote sans doute ne pensait pas lui-même, que la métaphore soit véritablement une proportion dans le sens où
on emploie ce mot en géométrie, une série de quatre
termes où le produit des extrêmes est égal à celui des
moyens [1]. Mais je n'aurais pas cité ces nouvelles subtilités du philosophe, toutes curieuses qu'elles sont, si
elles ne cachaient quelque vérité sous l'affectation d'une
forme mathématique bizarre et fausse. Ces rapports qu'il
signale, il n'aurait pas dû les désigner par les mêmes
expressions que ceux que l'on considère dans la science
des quantités; car ils ne sont pas de la même nature;
mais ils sont réels. Il a eu le mérite d'apercevoir, fine-
ment et profondément, que ces deux puissances si
différentes, l'imagination et le raisonnement, ont pourtant un principe commun dans l'esprit, qui est l'asso-
ciation des idées : c'est une même force, qui se prend
à des objets divers; et voilà sans doute comment le
peuple grec s'est trouvé si merveilleusement organisé
tout à la fois pour la dialectique et la poésie, pour les
sciences et les beaux-arts.

Les préceptes d'Aristote sur l'emploi des métaphores
et des comparaisons, des épithètes et des périphrases,

1. Qu'aurait-il dit, s'il avait lu cette phrase d'un grand poëte, qui
ressemble à une proportion toute formulée ?

Que du Seigneur la voix se fasse entendre,
Et qu'à nos cœurs son oracle divin
Soit ce qu'à l'herbe tendre
Est au printemps la fraîcheur du matin.

Athalie, act. III, sc. 7.

Ce n'est là pourtant qu'une apparence insignifiante, une pure rencontre de mots.

sont simples sans doute, mais non pas tant que des écrivains célèbres n'y trouvent encore à apprendre. Il est toujours à propos de rappeler aux imaginations trop vives qu'une image, pour être hardie, ne doit pas être indécente ou cynique (ch. 2). Elle ne doit même rien présenter qui soit désagréable aux sens, car la poësie est une jouissance délicate qu'il ne faut pas gâter en y mêlant les grossièretés de la vie réelle. Aristote veut bien qu'on dise, l'Aurore aux doigts de rose, mais non pas, l'Aurore aux doigts rouges (*ibid.*). Ce n'est qu'une manière vive de nous faire entendre qu'il ne faut pas dégrader la poésie pour la mettre à la mode, ni remplacer le beau qui a vieilli par le laid.

Que le style, dit encore Aristote, soit assaisonné d'épithètes, mais que l'écrivain ne fasse pas de cet assaisonnement sa nourriture principale (ἥδυσμα οὐκ ἔδεσμα [1]). N'amplifiez pas trop votre discours, car toute amplification produit l'obscurité. Cela ne s'applique-t-il pas très-bien à cette poésie surabondante, où la pensée est comme noyée dans les mots et dans la molle harmonie des vers, de façon que, tandis que l'oreille est caressée, l'esprit cesse d'être attentif, et s'endort?

En exposant très-simplement toutes ces choses, Aristote sait rendre son exposition agréable, tantôt par des tours piquants, tantôt seulement par le choix heureux des exemples, à peu près comme Fénelon, dans sa Lettre à l'Académie, a mis de l'imagination et du sentiment dans des citations. Quoi de plus joli que cette pensée de Platon sur le plaisir que donnent les vers (ch. 4)? Ils ressemblent, dit-il [2], à ces visages qui ont

---

1. Οὐ γὰρ ἡδύσματι χρῆται, ἀλλ' ὡς ἐδέσματι τοῖς ἐπιθέτοις, ch. 3.
2. Voir *Républ.*, pag. 601, B.

plus de fraîcheur que de beauté : quand cette fraîcheur est passée, ou quand la mesure est brisée, tout est changé. Au sujet du pouvoir qu'a la parole d'agrandir où de rapetisser les choses à volonté, que peut-on apporter de mieux que cet exemple de Simonide (ch. 2, fin)? Il refusait de célébrer une victoire olympique remportée par un attelage de mulets; il trouvait indigne de lui de chanter des mules; mais c'était pour se faire payer plus cher; on paya donc, et il chanta. Salut, s'écria-t-il, filles des cavales aux pieds ailés. Cependant, reprend Aristote, elles étaient aussi filles des ânes. Hélas! il n'est pas de personnage si illustre dans le monde, qui n'ait en lu i du cheval et de l'âne en même temps, et que les rhéteurs ne puissent prendre à leur choix par un côté ou par l'autre [1].

---

1. M. Garcin de Tassy a publié en 1844, sous ce titre, *La Rhétorique des nations musulmanes*, etc., un premier extrait d'un traité de rhétorique persan, écrit dans la première moitié du XVIIIe siècle. On trouve dans cet extrait que la science de l'exposition ou de l'expression consiste dans ces quatre choses, la comparaison, le trope, la métaphore médiate ou renvoyée, la métonymie. Ce ne sont là que des variétés d'un même procédé de l'esprit, qui fait à peu près toute l'éloquence et toute la poésie des nations orientales. Le chapitre de la *comparaison*, publié par M. Garcin de Tassy, est divisé en cinq sections. Tous les exemples sont tirés des poëtes.

On lit à la page 37 : « La comparaison *éloquente* est la même que la « comparaison *éloignée* et *extraordinaire*, et elle est le contraire de « la comparaison *prochaine* et *commune*: car cette dernière est la « moins considérée dans l'*éloquence*, parce que nous préférons ce qui « est loin de nos idées ordinaires. » Le traducteur ajoute en note : « Je « laisse à l'écrivain persan la responsabilité de cette assertion. » Cette assertion est l'exagération d'un principe vrai, qu'Aristote a exprimé au chapitre 2 par ces mots: Δεῖ ποιεῖν ξένην τὴν διάλεκτον, θαυμασταὶ γὰρ τῶν ἀπόντων εἰσὶ, ἡδὺ δὲ τὸ θαυμαστόν. Mais Aristote lui-même dit plus loin, dans ce chapitre, en parlant des métaphores, ἔτι δὲ οὐ πόρρωθεν δεῖ: et le goût attique n'aurait pas avoué sans doute la plupart des images dont ces Jardins de l'éloquence (c'est le titre du livre), sont émaillés :

Qualités du style (chap. 5-9).

Après avoir passé en revue ce qu'on pourrait appeler les matériaux du discours (ὁ μὲν οὖν λόγος συντίθεται ἐκ τούτων), comme les épithètes, les métaphores, etc., Aristote s'occupe des qualités générales du style, la pureté, la noblesse, l'ἦθος, le pathétique, le nombre et l'harmonie de la période, enfin l'esprit et l'imagination. Les détails qui remplissent le chapitre sur la pureté du langage, prouvent combien la grammaire était encore chose nouvelle. Pour la noblesse du style, Aristote a vu, avant Buffon, qu'elle demande qu'on nomme les choses

« Lorsque le rouge anémone s'incline et se relève ensuite, on croirait
« voir des drapeaux de rubis déployés sur des piques d'émeraude. »

« La perspicacité de l'esprit est comme la table des destinées, con-
« servée dans le ciel; l'atome de l'oubli ne doit pas y trouver place. »

« Le coursier rapide sur lequel il est monté est semblable à la voûte
« du ciel; le parasol qui garantit sa tête de l'ardeur du soleil, ressem-
« ble au halo de la lune. »

« Quel récit ferai-je de ses hanches et de sa taille, si ce n'est qu'on
« y voit une montagne suspendue à une paille? »

« Ce serait une lune, si la lune avait la taille du cyprès; ce serait
« un cyprès, si le cyprès avait la lune pour fruit, etc., etc. »

Toutes ces comparaisons doivent être bien éloquentes, car elles sont
fort extraordinaires et fort éloignées.

D'autres, quoique singulières encore, sont plus heureuses :

« A chaque plaisir correspond une peine, comme le nord est en face
« du midi. »

En voici une qui me semble très-piquante :

« La blancheur de l'aurore qui se lève est semblable au visage du
« khalife lorsqu'on le loue. »

L'auteur du traité fait aussi des comparaisons pour son propre
compte. Ainsi le principe qui vient d'être cité, que nous préférons ce
qui est loin de nos idées ordinaires, est éclairci par cette image : « C'est
« comme l'homme altéré (par la chaleur) qui éprouve plus de plaisir à
« boire de l'eau froide. »

par les termes les plus généraux. Il recommande, pour faire impression sur l'auditeur, un moyen qui, tout rebattu qu'il était de son temps, à ce qu'il dit, est peut-être encore bon du nôtre ; c'est de s'écrier, Qui ne sait qu'il en est ainsi ? ou bien, Vous savez tous, Athéniens... Car, dit-il naïvement, chacun veut avoir sa part d'une opinion qu'il croit être celle de tout le monde. Nos journaux possèdent cette tactique aussi bien que les orateurs grecs.

Je ne prendrai pas parti entre Aristote et Cicéron, sur la question de savoir si le péan est ou n'est pas le pied qui convient le mieux au nombre oratoire : leur dissentiment tient sans doute à la différence des langues qu'ils parlaient. Il est plus embarrassant de s'expliquer pourquoi ce péan ne paraît guère plus que tout autre pied dans les phrases des orateurs grecs, particulièrement aux deux places qu'Aristote lui assigne, au commencement de la période et à la fin [1].

De la Période.

Aristote a donné une très-bonne définition de la période, sur laquelle il faut s'arrêter : La période est une phrase qui a un commencement et une fin par elle-même (αὐτὴν καθ' αὑτήν), et une étendue facile à embrasser. Poussons un peu cette analyse. Si la période a un commencement et une fin par elle-même, indépendamment des phrases qui la bornent, c'est qu'elle exprime un mouvement de la pensée, qui a son point de départ, et son terme où il aboutit. De l'un à l'autre, il se fait dans

1. Le péan final se trouve assez souvent dans Isocrate ; il termine volontiers ses périodes par γενομένην, γενομένους, et autres formes semblables. — Le Panégyrique commence par un péan.

l'esprit de l'auditeur une marche et un progrès, pendant lequel la période le soutient et le mène, jusqu'à ce qu'il soit arrivé où l'orateur a voulu qu'il fût conduit. Ainsi la phrase ne demeure suspendue que pour faire pénétrer insensiblement au fond de l'âme un sentiment ou une idée qui, sans ces préparations, n'aurait pas le temps de faire son effet, et n'entrerait pas aussi avant; de manière que la période est à elle seule un petit discours, qui a son exorde, son développement et sa péroraison, comme le discours tout entier. Elle est un des moyens les plus puissants dont dispose l'art oratoire : pendant que les petits traits et les incises saccadées effleurent l'esprit et ne font tout au plus que l'étonner, une phrase large prépare l'impression, la fortifie et la conserve. Dans tous les écrivains vraiment éloquents on peut en apprécier les admirables effets : mais elle est surtout indispensable à celui qui veut remuer par la parole une multitude. Des phrases courtes ne remplissent pas l'étendue d'un grand auditoire, et n'ont pas le temps, pour ainsi dire, d'en faire le tour; elles ne sauraient suffire à Bossuet prêchant dans une cathédrale, ni à Cicéron haranguant dans le Forum. Mais la période est pour eux un instrument magnifique, dont la voix pleine et retentissante porte au loin leur parole, et en prolonge l'émotion.

Mêlant toujours l'esprit philosophique le plus élevé aux observations des plus modestes, Aristote explique le plaisir que nous cause une période bien faite, par cet instinct de notre nature, qui fait que nous voulons tout limiter et tout circonscrire. « Car il nous sem- « ble que nous tenons quelque chose quand nous avons « déterminé des limites, et au contraire l'indéfini nous

« rebute en nous fuyant toujours [1]. » Cette manière de
rendre compte des formes du langage oratoire n'est pas
d'un rhéteur vulgaire. Après de pareilles réflexions,
on est moins porté à dédaigner ces secrets du style
qu'Aristote analyse ensuite complaisamment, les ἀντι-
θέσεις, les παρισώσεις, etc. C'est là qu'il cite Isocrate, et
qu'il ne cite guère que lui, paraissant le considérer
comme un modèle, et sans mêler à cet hommage aucune
espèce de restriction.

De l'esprit dans le style (chap. 10-11).

On s'étonne d'abord qu'Aristote ait prétendu enseigner l'art de mettre de l'esprit et de l'imagination dans
le style, tandis que personne ne s'étonne qu'on enseigne
à parler ou à écrire avec pureté, clarté, harmonie. Cependant celui qui n'a pas l'esprit net ne saurait avoir
des expressions pures et claires; celui qui n'a pas d'o-
reille, ne saura jamais flatter l'oreille d'autrui. Rien ne
s'apprend en un certain sens; et, dans un autre sens,
tout s'apprend, même le talent de peindre et le don de
plaire : ποιεῖν μὲν οὖν ἐστι τοῦ εὐφυοῦς ἢ τοῦ γεγυμνασμένου ·
δεῖξαι δὲ, τῆς μεθόδου ταύτης [2].

1. Καὶ ὅτι ἀεί τι οἴεται ἔχειν ὁ ἀκροατής..., etc., ch. 9.
2. Je me plais à citer Voltaire commentant Aristote : « Ceux qui mé-
« prisent le génie d'Aristote seraient bien étonnés de voir qu'il a en-
« seigné parfaitement, dans sa Rhétorique, la manière de dire les choses
« avec esprit. Il dit que cet art consiste à ne pas se servir simplement
« du mot propre, qui ne dit rien de nouveau, mais qu'il faut employer
« une métaphore, une figure dont le sens soit clair et l'expression éner-
« gique; il en apporte plusieurs exemples.... Aristote a bien raison de
« dire qu'il faut du nouveau. » Y a-t-il rien de plus piquant que cette
réflexion venue deux mille ans après le texte ?
Voltaire lui-même a défini, ou plutôt a décrit l'esprit d'une façon
supérieure (Dict. philos., au mot Esprit).

Ce n'est pas qu'Aristote ait donné, comme Cicéron ou Quintilien, une table des *lieux* d'où on peut tirer des mots heureux et des traits d'esprit. Ses leçons se réduisent à quelques recommandations bien simples, mais qui remontent comme toujours au principe même. Ce principe, c'est que nous aimons à apprendre, pourvu que ce soit sans peine et sans effort [1]. Donc toute expression qui nous apprendra quelque chose, d'une manière facile et rapide, sera bien reçue, et aura du prix à nos yeux. Le style ingénieux tient le milieu juste entre le style nul et le style affecté. Il n'y a pas de style quand les mots n'apportent avec eux aucune connaissance nouvelle, aucun rapprochement, aucun éclaircissement, qu'ils ne creusent pas de trace dans l'intelligence, et que la parole, comme on dit fort bien, est insignifiante, c'est-à-dire qu'elle n'est le signe d'aucune idée. Si au contraire l'écrivain prétend mettre dans chaque expression une découverte et une surprise, s'il poursuit obstinément un rapprochement entre des choses très-disparates, et s'il contraint sans cesse notre attention en nous présentant non plus des aperçus à saisir, mais des énigmes à déchiffrer, il a de l'esprit peut-être, mais ce n'est pas un bon esprit. Le véritable esprit consiste à voir plus et mieux que les autres, mais seulement ce qui vaut la peine d'être vu.

Les deux moyens principaux qu'Aristote indique pour rendre le discours expressif, sont l'antithèse et la métaphore. Ce sont là en effet les signes les plus sensibles des idées : l'une les fait ressortir par le contraste, l'autre les met en lumière en les rapportant à des

1. Τὸ γὰρ μανθάνειν ῥαδίως ἡδὺ φύσει πᾶσίν ἐστι.

images. Vous avez lu quelques pages d'un plat écrivain,
et vous avez senti, sans analyser votre impression,
qu'elles étaient vides, lâches et traînantes : relisez-les,
vous n'y trouverez à coup sûr ni métaphores ni anti-
thèses, ou vous en trouverez qui sont usées et rebattues,
et qui traînent dans tous les livres, mais pas une qui
soit de lui, car encore faut-il quelque force pour en
trouver. Il est vrai que ces deux agréments peuvent
très-bien devenir des ridicules, comme l'antithèse dans
Fléchier, ou la métaphore chez tels écrivains plus modernes. C'est quand l'opposition ne porte que sur les
plus petits détails de la pensée, ou qu'elle se répète
elle-même inutilement, comme une roue désengrenée,
qui tourne toujours sans faire aller la machine. C'est
quand il n'y a aucun rapport sensible ou intéressant
entre une image et l'objet qu'on veut représenter par
cette image : alors on prend au hasard dans le monde
physique une figure, comme on prend une rime dans
un dictionnaire de rimes. Mais ces abus d'esprit n'em-
pêchent pas que la métaphore et l'antithèse ne soient
les principales formes que prend l'esprit dans le style,
et que ces lumières du discours n'étincellent dans l'éloquence même des Bossuet et des Pascal.

Il faut, comme fait Aristote, distinguer entre les images
celles qui étant, pour ainsi dire, agissantes, ἐνεργοῦντα,
nous mettent les choses mêmes devant les yeux, et représentent en quelque sorte le mouvement et la vie. La
poésie n'est pas autre chose ; aussi c'est Homère, *le poëte*,
comme disaient les Grecs, qui lui fournit ici les exemples ; mais l'orateur même, dans son enthousiasme,
rencontre quelquefois de ces traits. Qu'est-ce que cette
ἐνέργεια, ce πρὸ ὀμμάτων ποιεῖν, dont parle le philosophe,

8

s'ils ne se trouvent dans les paroles de Bossuet, quand il
nous peint « ces gros bataillons serrés, semblables à
« autant de tours, mais à des tours qui sauraient répa-
« rer leurs brèches; » quand il nous montre « cette
« aigle, qu'on voit toujours, soit qu'elle vole au mi-
« lieu des airs, soit qu'elle se pose sur le haut de
« quelque rocher, porter de tous côtés des regards per-
« çants, et tomber si sûrement sur sa proie, qu'on
« ne peut éviter ses ongles non plus que ses yeux; »
ou quand il ajoute enfin, revenant à la réalité, et plus
énergique encore dans l'expression simple que dans les
figures, « aussi vifs étaient les regards, aussi vite et
« impétueuse était l'attaque, aussi fortes et inévitables
« étaient les mains du prince de Condé? » Ces passages suffisent pour indiquer comment on pourrait publier une Rhétorique d'Aristote commentée page à page
par des extraits de nos orateurs.

Ainsi donc, le soin de n'employer aucune expression
qui ne porte quelque chose dans l'esprit, et ne lui ouvre
quelque vue; l'antithèse, qui met en relief ce qu'elle
oppose; la métaphore, qui peint les objets comme sur
un tableau; l'imagination, qui les anime et les fait se
mouvoir comme sur une scène; voilà le style, voilà le
charme de la parole;

C'est là ce qui surprend, frappe, saisit, attache.

Cette analyse, sans doute, ne saurait mettre en nous
ces dons précieux; cependant ne la jugeons pas inutile.
Elle développe le goût, et le goût est la partie la plus
humble de l'esprit, mais non pas la moins délicate ni la
moins aimable. D'ailleurs Aristote ne le rend pas fin

seulement, mais aussi sûr et solide, en nous apprenant
à ne pas nous occuper des mots pour les mots, mais
pour ce qu'ils signifient, et en rappelant toujours l'art
à ce but sérieux, l'intelligence et le sentiment de la
vérité. La vérité, c'est où doit aller l'orateur par
l'imagination, comme le philosophe par la science :
apprendre, comprendre, c'est la fin de l'homme,
c'est donc aussi celle de la parole et du style. Boileau
disait :

Et mon vers, bien ou mal, dit toujours quelque chose,

Il a fait ce qu'Aristote prescrit. Ne parlez donc pas de
beau langage, de tours élégants, de phrases pom-
peuses, d'amplification ingénieuse; ce n'est pas là de
quoi il s'agit, mais de voir les choses et de les sentir
telles qu'elles sont. Le bon style sera plein d'agrément
et devra plaire, mais c'est parce que plaire est de l'essence de la vérité; et que chaque expression heureuse
soulève pour ainsi dire un coin du voile qui couvre
cette évidence absolue, dont on a dit que si elle se dé-
voilait tout entière, elle exciterait en nous un ineffable
amour.

Remarques diverses.

Je ne m'occuperai pas du reste de la Rhétorique d'A-
ristote, bien qu'il s'y trouve beaucoup de détails inté-
ressants, parce que ce ne sont que des détails. Cette dernière partie du troisième livre, consacrée à ce que les
rhéteurs appellent la disposition, contient des conseils et
des expédients pratiques pour l'exorde, la narration,

*8

l'argumentation, la discussion et la péroraison (chap. 14-
19). Ils sont très-profitables, mais il n'y a plus là de
principe général ; c'est une suite de remarques fondées
sur une expérience très-intelligente, et que les rhéteurs
qui sont venus ensuite n'ont guère fait que paraphraser.
Cependant, comme les faits ne font jamais oublier à
Aristote les principes, il nous avertit que cette division
en exorde, narration, etc., n'est pas de l'essence du discours, qui n'a, par sa nature, que deux parties, la proposition et la démonstration. Il fait voir que la narration, par exemple, n'a pas de place déterminée et
nécessaire dans le genre délibératif, et que dans l'épidictique, elle est le discours tout entier ; de sorte qu'on
voit bien, comme il l'avait déjà dit, que c'est pour le
discours judiciaire que ces divisions des rhéteurs ont été
faites. Cela établi, il donne ensuite d'excellents préceptes pour cette narration, ainsi que pour les autres
parties ; préceptes toujours formulés avec netteté et précision, et débarrassés des minuties et des distinctions in-
signifiantes dont les avaient déjà chargés les rhéteurs.
Il va au fait, et ne dit rien qui ne serve. Ses réflexions
sur les conditions diverses des trois genres, sur les différentes sortes de preuves, sur l'emploi de l'exorde, sur
l'interrogation, etc., semblent plutôt d'un homme du
métier que d'un philosophe réduit à la théorie.

Je ne veux pas oublier de relever ce qu'il dit, dans sa
doctrine de l'Élocution (chap. 12), sur le genre particulier de style que demande un discours, suivant qu'il est
fait pour les combats de la place publique, ou composé
pour une lecture faite à loisir. Le discours épidictique,
qui doit se lire à l'ombre d'un lieu d'étude, sera fini

dans tous ses détails. Le délibératif, jeté au milieu de
l'agitation d'une assemblée populaire, a besoin de traits
heurtés et de larges ombres, comme une toile de théâtre
(ἔοικε τῇ σκιαγραφίᾳ). Le genre judiciaire tient le milieu ;
il ne faut dans un plaidoyer ni trop d'abandon ni trop
de soin. Le discours *agonistique*, comme les Grecs l'ap-
pelaient expressivement, vaut surtout par l'action,
comme un drame : c'est, comme on sait, ce que Démosthène pensait aussi. Il s'accommode des tours brusques,
des défauts de liaison, des répétitions fréquentes, de
tout ce qui marque du mouvement et du trouble. Mais
qu'arrive-t-il quand on relit tout cela à tête reposée ? ce
qui semblait si beau paraît grossier et ridicule, φαίνεται
εὐήθη. Ce n'est donc pas d'aujourd'hui seulement qu'on
éprouve de ces mécomptes, de sorte que le discours qui
a le plus échauffé une assemblée devient froid et illisible
dans les colonnes d'un journal. Mais comment s'expliquer alors ces harangues admirables de Démosthène,
telles que les manuscrits nous les transmettent, pleines,
serrées, d'un dessin à la fois si vigoureux et si correct ?
Ce n'est pas assez de dire que l'éloquence de Démosthène
ne saurait se comparer à aucune ; que les orateurs anciens surpassaient tous les nôtres par l'art et le travail ;
qu'ils demandaient à l'éloquence non pas seulement des
succès d'un jour, mais une gloire durable ; et qu'ils vou-
laient, comme Thucydide, que leur parole subsistât à
toujours et fût entendue de l'avenir : ce n'est pas assez
si on n'admet que, dans cette vue, ils ne se contentaient
pas de l'improvisation, même la plus laborieusement
préparée et la plus sûre de sa puissance, mais qu'après
que le discours avait produit son effet présent, ils le re-
travaillaient en l'écrivant pour le conserver et le répan-

dre [1]. On comprendra ainsi, je ne dis pas seulement l'é-
clat et la sublimité de ces chefs-d'œuvre, mais, ce qui est
plus difficile encore, ce goût parfait et cette merveilleuse
sobriété qui caractérise les attiques. Quand on lit par
exemple le Discours contre Ératosthène, de Lysias, et
qu'on admire l'adresse continuelle du récit, la précision
du raisonnement, et une mesure tellement soutenue,
que chaque phrase, comme on dit vulgairement, semble
moulée, et qu'il n'y a pas un mot ni à ajouter, ni à retrancher, ni à reprendre : pour croire que tout cela a été
improvisé ainsi, il faudrait penser que l'esprit humain
n'était pas alors ce qu'il est de notre temps. La remarque d'Aristote que je viens de transcrire prouve le contraire. Nous penserons donc que Lysias écrivit ce morceau, et nous en dirons autant des célèbres plaidoyers
d'Eschine et de Démosthène ; cela nous fera peut-être
mieux comprendre certaines particularités de ces discours. Il est bon d'ailleurs de savoir ce que coûte la perfection, et de reconnaître que l'abeille attique n'a pas
réussi sans beaucoup de travail et de peine à former son
miel si pur.

---

1. C'est du moins ce qui est attesté pour les Latins : *Pleræque enim
scribuntur orationes habitæ jam, non ut habeantur*. Cic., *Brutus*, 24.

CONCLUSION.

J'ai terminé l'étude de la Rhétorique d'Aristote. Ma tâche est remplie, si j'ai fait voir que cette Rhétorique, la plus ancienne de toutes, est cependant celle qui a le moins vieilli, et qui demeure encore aujourd'hui la plus utile, parce qu'elle est établie sur des principes plus élevés et plus universels qu'aucune autre. Je conclurai en indiquant les principaux points par lesquels elle se montre supérieure et originale quand on la compare aux autres Rhétoriques grecques et latines.

Tout ce que nous avons sur la rhétorique a été écrit par des rhéteurs ou d'après des rhéteurs, en vue seulement de la pratique du métier. Aristote est un philosophe, et sa rhétorique, une partie de la science de l'homme. Platon avait combattu la rhétorique vulgaire au nom de la philosophie ; Aristote les a réconciliées, et a dicté, pour ainsi dire, les conditions de la paix.

L'idée qu'Aristote donne de la rhétorique est la plus vraie qu'on s'en puisse faire. C'est une dialectique du vraisemblable, une dialectique populaire, une dialectique politique. Ainsi le raisonnement en fait le fond, et ce raisonnement repose sur l'intelligence des opinions, des intérêts et des passions humaines. Aucune autre définition n'a fait si bien paraître ce fond. Celle de Quintilien, que la rhétorique est l'art de bien parler, laisse trop voir la prédilection de l'auteur pour l'élocution, qui n'est qu'un moyen, tandis qu'il semble en faire un but.

La théorie du raisonnement oratoire est ce qu'il y a de plus original dans Aristote. Il est beau d'avoir vu que la foule à laquelle s'adresse l'orateur est conduite par trois principales idées, et d'avoir analysé ces idées de manière à se rendre compte de la plupart de nos déterminations et de nos jugements. Ce grand travail n'a été reproduit dans aucune autre Rhétorique.

Au lieu de quelques réflexions vagues sur la force des passions et l'attrait de ce qu'on appelle les mœurs, Aristote seul a donné une analyse de nos affections et de nos caractères, plus fine encore que celle qu'il avait faite de nos idées. Il a complété ainsi la rhétorique telle que Platon l'avait conçue, et il a créé une sorte d'histoire naturelle morale, plutôt développée que surpassée depuis.

Enfin sa théorie de l'élocution ne consiste pas, comme chez d'autres, ou dans des phrases éloquentes, mais qui n'apprennent rien, ou dans une énumération interminable de figures; elle est à la fois courte et pleine, et relève des mêmes principes que tout l'ouvrage. La langue de l'orateur doit être celle du raisonnement, elle exclut donc la poésie. Le plaisir qu'un bon style peut causer est de la même nature que celui que donne une logique fine et habile. Il consiste dans la perception d'un rapport, d'une ressemblance, d'un contraste, d'une limite; dans une expression qui semble proposer un problème, et le résoudre presque en même temps : le meilleur style est donc celui qui nous apprend le plus de choses, et qui nous les apprend le mieux. Ainsi la plupart des Rhétoriques considèrent l'élocution dans ses accidents et ses dehors; celle d'Aristote en marque les conditions essentielles et la fin.

J'ai donc à signaler surtout dans la Rhétorique d'Aristote :

L'esprit philosophique de l'ouvrage, et les idées générales de l'auteur sur l'éloquence et l'art oratoire;

Sa théorie du raisonnement;

Son analyse des passions et des mœurs;

Sa doctrine de l'élocution.

J'ajouterai que les parties mêmes qui se retrouvent ailleurs, comme la doctrine des lieux communs ou topiques, l'analyse des preuves dites extérieures, les détails sur l'exorde, la narration et les diverses parties du discours, paraissent encore traitées d'une manière plus lumineuse dans Aristote, soit parce qu'il est plus court et moins minutieux, soit parce qu'elles sont mieux à leur place dans l'ensemble de son ouvrage, et se ressentent de l'intérêt général qui y est répandu, et qui tient à l'unité de la pensée qui l'anime.

On a vu enfin quels renseignements pouvait fournir l'ouvrage d'Aristote, tant pour l'histoire de la rhétorique en général, que pour celle des idées et des habitudes du temps. Je n'ai pas cru que ces détails fussent absolument en dehors de mon sujet.

NOTE

SUR LA RHÉTORIQUE A ALEXANDRE.

(Voir page 8.)

La discussion de cette question de critique, à quel temps et à quel auteur appartient véritablement la Rhétorique à Alexandre, n'est pas ici de mon sujet. Cependant je la traiterai brièvement dans cette note.

D'abord la Rhétorique à Alexandre n'est pas d'Aristote; M. Lersch, en s'obstinant à la lui attribuer, a soutenu une cause insoutenable. Le précepte du chapitre 30, que la narration doit être courte, ne peut être d'Aristote, qui s'en moque très-spirituellement dans sa Rhétorique (III, 16); et M. Spengel a fort bien démontré que les deux passages ne s'appliquent pas à deux espèces différentes de narration. Mais surtout ce qu'on ne retrouve pas dans la petite Rhétorique (je l'appellerai ainsi pour abréger), c'est l'esprit philosophique et la force de pensée inséparables de toute composition d'Aristote. C'est ce style tout à fait à part, qui est le même dans tous les écrits d'Aristote, et ne peut se confondre avec aucun autre : on est aveugle si on ne voit pas cela. Les plus petites remarques s'accordent avec cette impression générale : Aristote parle au pluriel, l'auteur de la petite Rhétorique parle au singulier; le premier cite habituellement des auteurs, le second ne cite personne.

La lettre d'Aristote à Alexandre, qui se lit en tête du livre, est donc mensongère; mais est-ce l'auteur du traité qui a fait ce mensonge, et serait-elle authentique en ce sens du moins qu'elle serait de la même main que l'ouvrage entier? Si l'auteur de la petite Rhétorique est Anaximène, et si Anaximène avait paré son propre écrit du nom d'Aristote, cette fraude répondrait assez bien à celle qu'il se permit, si on en croit Pausanias, pour se venger de Théopompe. (Il publia sous le nom de Théopompe, et en imitant son style très-habilement, une espèce de libelle où il attaquait violemment les principales républiques grec-

ques, de manière à le faire détester partout. Paus., *ibid.*) Mais Anaximène n'a certainement pas écrit cette lettre, dont le style ne ressemble
pas plus à celui de l'ouvrage auquel elle sert d'introduction qu'à celui
même d'Aristote. C'est une déclamation d'un écolier d'Isocrate, pleine
de lieux communs et d'affectation dans l'expression. Dans le corps de
l'ouvrage, on ne retrouve plus un seul mot qui se rapporte à la personne
ou à la condition d'Alexandre; le rhéteur n'écrit que pour les orateurs
de la démocratie d'Athènes. — Remarquons que la dernière phrase de
cette lettre, qui semble vouloir expliquer comment a été composé l'ouvrage, est restée inintelligible à tous les commentateurs.

Ceux qui ont attribué la petite Rhétorique à Anaximène se fondent
sur ce que Quintilien (III, 4), après avoir indiqué et soutenu la division aristotélique des trois genres de discours, délibératif, judiciaire,
épidictique, ajoute : « Anaximène ne reconnaît que les genres délibé-
« ratif et judiciaire, et sept espèces, savoir: conseiller, dissuader,
« louer, blâmer, accuser, défendre, et enfin faire un examen, qui est ce
« qu'il appelle ἐξεταστικόν. » Or, c'est là précisément la division de la
petite Rhétorique. Elle se trouve dans la première phrase, si seulement
on fait au texte grec une correction parfaitement justifiée d'ailleurs par
M. Spengel; elle est indiquée dans les dernières lignes de la lettre apocryphe à Alexandre; enfin elle est constamment suivie dans tout le
traité. Cette septième espèce de discours, l'εἶδος ἐξεταστικόν, expliquée
au chapitre 37, est une particularité qui ne se trouve dans aucune autre
Rhétorique.

Il ne faut pas objecter que Syrianus, dans son Commentaire sur Hermogène (*Rhet. gr.*, Walz, tome IV, page 60), cite sous le nom d'Aristote cette même phrase par laquelle commence la petite Rhétorique.
Ce peut être ou une faute des copistes, qui ont écrit Ἀριστοτέλης pour
Ἀναξιμένης, ou une erreur de Syrianus, qui a été trompé par la fraude
de l'auteur de la lettre à Alexandre. Mais, dira-t-on, Syrianus ajoute :
τὰ μὲν οὖν ἓξ ἐν τῷ λέγοντί φησι θεωρεῖσθαι, τὸ δὲ ἕβδομον ἐν τοῖς ἀκροω-
μένοις, ce qui ne se retrouve pas dans le texte de la Rhétorique à
Alexandre, et ce qui est même en contradiction avec le chapitre 37 de
cette Rhétorique. On peut écarter cette objection en adoptant la leçon
d'Alde, φημί au lieu de φησί.

Malgré ces raisons, il est douteux que la Rhétorique à Alexandre soit d'Anaximène, et M. Spengel me semble avoir été trop hardi en la publiant sous ce nom. Et d'abord, je ne comprends pas qu'on ait dépouillé un auteur aussi célèbre d'un de ses ouvrages pour le donner à Aristote ; le nom seul d'Anaximène le recommandait assez. Celui-ci paraît avoir beaucoup écrit sur la rhétorique, d'après l'expression de Denys (dans le jugement sur Isée), καὶ τέχνας ἐξενήνοχεν. Comment un écrivain que Quintilien cite comme une autorité aurait-il été ainsi méconnu ?

Si la division en deux genres et en sept espèces est d'Anaximène, elle peut lui avoir été empruntée par un rhéteur plus obscur, auteur de ce petit traité, et qui appartenait à son école. Peut-être que la division d'Aristote en trois genres a été assez longtemps sans prévaloir. Les orateurs de profession ne faisaient en général que deux espèces de discours, les uns dans l'assemblée du peuple ou du conseil, les autres dans les tribunaux. Une rhétorique pratique pouvait se borner à ces deux genres, et laisser de côté l'épidictique, qui avait rarement à Athènes un caractère sérieux.

J'ajoute que la clarté et l'aisance de l'exposition, le ton général de l'écrivain, qui semble moins inventer et composer un art du discours à sa manière, que reprendre et résumer des préceptes déjà reçus, et dicter, pour ainsi dire, un cahier tout fait, tout cela me porte à regarder ce livre comme postérieur au temps d'Aristote et d'Anaximène.

Enfin j'ai peine à attribuer à Anaximène ce dernier chapitre de la Rhétorique à Alexandre, où une idée ingénieuse est gâtée par des détails affectés et puérils. Le rhéteur dit qu'on peut appliquer la rhétorique non-seulement au discours, mais à la vie elle-même, parce que les moyens (αἱ ἰδέαι) par lesquels le discours persuade sont les mêmes que ceux par lesquels l'homme, dans la vie, se recommande. On reconnaît la belle pensée de Platon dans le Phèdre (page 276, A, etc.), sur ce *verbe* intérieur et vivant que le sage a en lui, et dont la parole écrite n'est que l'image. Mais là-dessus notre rhéteur s'amuse à reprendre sa rhétorique point par point, et voici comment il procède : Tu te prépareras, dit-il, à agir comme à parler, par les moyens de l'*exorde :* premier moyen pour rendre les spectateurs *bienveillants*, second moyen pour les rendre *attentifs*. Tu appliqueras ensuite à l'action les préceptes de la *narration*, c'est-à-dire que tu la feras *courte*, *nette* et *vraisemblable*, et non pas lente, embarrassée ou bizarre... Pour la *récapitulation*, elle consistera à ranimer le souvenir des bonnes actions que tu as faites précédemment, en en faisant de nouvelles, etc. Il me semble voir un écolier de l'école moralisante et sophistique d'Isocrate, développant maladroitement un thème qu'il a reçu de ses maîtres. Anaximène paraît avoir eu plus de goût, à en juger par les fragments qui nous restent sous son nom dans Stobée. Loin qu'ils soient trop subtils, on les trouvera plutôt d'une simplicité trop nue. — « Ceux qui jugent sous « l'impression de l'envie donnent la première place non aux meilleurs, « mais aux pires (Stob., 38, 44. Éd. Gaisf.) » — « Les riches ne sont « pas aussi disposés que les pauvres à plaindre les malheureux, car « c'est la crainte qu'on ressent pour soi-même qui fait la pitié qu'on a « des autres (97, 21), etc. » Ce sont des observations, des analyses morales, à la manière de celles d'Aristote, qu'il ne faudrait pas lire ainsi détachées, car elles ne sont plus alors assez piquantes. Mais ni cette justesse et ce bon sens, ni ces périodes étudiées et un peu lentes, n'ont rien de commun avec la manière dans laquelle est écrit le chapitre que je viens de rappeler.

M. Spengel a justement signalé cette phrase du chapitre 37, δεῖ δὲ πικρῷ τῷ ἤθει μὴ ἐξετάζειν, ἀλλὰ πρᾳεῖ, comme probablement imitée d'une phrase du discours pour la Couronne (page 315). S'il en est ainsi, elle a dû être écrite à une époque où les discours de Démosthène étaient déjà étudiés comme classiques. Si les exemples tirés de l'histoire qui se trouvent dans la petite Rhétorique ne descendent pas plus bas que l'an 340, on peut supposer que c'est parce qu'ils sont empruntés à d'anciens orateurs, ou peut-être même à quelque Rhétorique antérieure. Si l'ouvrage paraît fait pour une démocratie, il ne faut pas oublier que les formes de la démocratie ne périrent pas dans Athènes avec la liberté.

Sans admettre, comme on voit, que la Rhétorique à Alexandre ait précédé la Rhétorique d'Aristote, opinion autrefois soutenue par M. Spengel, mais qu'il paraît avoir lui-même abandonnée, puisqu'il ne la reproduit pas dans la préface de son édition, je reconnais d'ailleurs que ce livre est d'une simplicité pratique trop remarquable pour qu'on ne le suppose pas encore assez ancien. La distribution de l'ouvrage n'est pas celle qu'on trouve dans les Rhétoriques du temps des Romains. Comme Aristote, l'auteur donne les règles de l'élocution avant celles qui se rapportent aux divisions du discours. Il donne la principale place au genre délibératif. En général, il nous représente la doctrine d'un maître de la bonne époque, qui peut bien être Isocrate. Le précepte d'éviter les hiatus (ch. 25) est certainement isocratique.

Si ces conclusions ne paraissaient pas assez complètes et assez fermes, qu'on fasse attention combien d'obscurité entoure ce petit livre, combien les choses, les hommes, les temps même dont il s'agit ici sont peu connus. On rassemble des conjectures, on tient compte autant que possible de toutes les données; c'est beaucoup ensuite si on arrive à ne pas affirmer trop vite, à ne pas expliquer tout, enfin à savoir douter.

Voir M. Spengel, dans sa Συναγωγὴ τεχνῶν, page 182, sqq., dans le Journal de Littérature ancienne, Darmstadt, 1840, nᵒˢ 154 et 155 (en allemand), et dans les prolégomènes et les notes de son édition de la Rhétorique à Alexandre.

DE L'ENSEIGNEMENT PUBLIC

DES LETTRES.

———

Quelle place peuvent occuper encore aujourd'hui, dans l'enseignement public des lettres, les anciens préceptes de poésie et d'éloquence auxquels a généralement succédé l'étude historique des écrivains et de leurs ouvrages?

Pour apprécier ce que vaut la méthode historique qui est aujourd'hui régnante dans l'enseignement des lettres, et ce que valait, ce que peut valoir encore cette ancienne méthode maintenant presque oubliée, il me semble qu'il faut rechercher comment chacune s'est produite, et d'où elle est née dans l'esprit humain.

Remontons aux Grecs, qu'on trouve à la source de tous les arts. Ils avaient eu des poëtes et des orateurs, ils avaient admiré leurs vers et leurs discours; ils cherchèrent par où ces ouvrages leur paraissaient beaux et touchants; et recueillant leurs observations, les ordonnant, les généralisant, ils firent des Poétiques et des Rhétoriques. Ceux qui composèrent ces ouvrages raisonnèrent sans doute ainsi : Telle passion nous émeut, telle argumentation nous persuade, telle image charme notre imagination, telle harmonie séduit notre oreille. Or nous ne sommes pas faits autrement que les autres hommes, et tous éprouvent ce que nous éprouvons. Nos enfants sont faits comme nous; on leur plaira donc comme on nous plaît à nous-mêmes. Les poëtes et les orateurs à venir, s'ils veulent réussir comme Homère ou Sophocle, comme Lysias ou Démosthène, devront donc employer les mêmes moyens par lesquels ces grands hommes ont réussi. Ces moyens, nous les avons reconnus par une étude assidue de leurs chefs-d'œuvre et de nos impressions; nous les consignons dans nos écrits pour l'instruction et la règle de la postérité.

Telle fut la pensée des premiers maîtres de l'art, et, presque jusqu'à nos jours, elle a dominé également les auteurs et les critiques. Horace redisait aux Romains les préceptes d'Aristote; Boileau a répété ceux d'Horace; Marmontel, La Harpe et d'autres les ont développés et appliqués. Corneille examinait ses tragédies d'après les règles de la poétique grecque; et Voltaire, en écrivant sa Henriade, avait sous les yeux le plan de l'Iliade et de l'Énéide. Tous pensaient qu'il existait, pour chacune des œuvres de l'esprit humain, un modèle de perfection unique, et que, soit pour travailler, soit pour juger, il ne le fallait jamais perdre de vue : seulement tous ne le plaçaient pas au même point. Le P. Brumoy estimait moins Racine, parce qu'il ne ressemblait qu'imparfaitement à Sophocle; et La Harpe au contraire plaignait Sophocle d'être venu avant que Racine et Voltaire eussent achevé de constituer la vraie tragédie.

Ainsi chaque esprit imposait à tous les esprits de tous les temps sa poétique et sa rhétorique. On reconnaissait bien une partie changeante, mais petite et accessoire; par exemple, dans la tragédie, ce qui regarde les chœurs. En comparant l'ancien monde à celui dont on était entouré, on apercevait certaines choses bien nouvelles, telles que l'éloquence chrétienne, et, s'il est permis de le dire, l'amour chrétien. Mais que faisait-on? Boileau ajoutait un alinéa sur l'amour à son Art poétique; et les Rhétoriques faisaient rentrer le sermon soit dans le genre délibératif, soit dans le genre démonstratif. Cela n'empêchait pas Boileau de prescrire encore au poëte épique l'emploi du merveilleux d'Homère, ni de donner de l'ode et de l'élégie des définitions toutes païennes. Et les rhéteurs continuaient de développer les règles de l'exorde, de la narration, etc., d'après les discours de M. Cochin, sans s'occuper beaucoup de Bossuet. On réparait une omission, on faisait, pour ainsi dire, des *errata* aux livres des anciens; on ne songeait pas à les refondre. On s'imaginait que, dans l'atelier de la pensée, le travail avait été distribué et déterminé dès l'origine; et que les nouveaux venus n'avaient plus qu'à se régler sur les anciens, en perfectionnant, s'il se pouvait, leurs procédés.

Les conséquences de cette méprise étaient fâcheuses. Je ne sais si elle a nui au talent des auteurs: on n'oserait le dire en présence de tant de chefs-d'œuvre; et pourtant qui peut assurer qu'ils n'en aient jamais souffert? mais elle troublait, elle jetait hors de la droite voie le goût et le jugement du public. Une expérience plus étendue et des réflexions plus approfondies l'ont ramené. Il sait maintenant que tous les poëmes épiques ne doivent pas être faits comme ceux d'Homère; que peut-être même, comme Montesquieu s'en était douté (*Lettres Persanes*, lettre 138), il ne doit pas toujours y avoir des poëmes épiques. Il sait que la Phèdre de Racine et celle d'Euripide, ou bien l'Iphigénie grecque et la française, ne sont pas simplement deux copies de la même figure, mais deux créations distinctes, dont chacune a son principe de vie. Il comprend que Voltaire n'ait pas écrit son Siècle de Louis XIV, ou son Essai sur les mœurs, suivant la manière de Thucydide, ou de Tite-Live, ou de Mézeray.

En un mot, les deux méthodes diffèrent par leur principe. Celui de la première est le sentiment de l'unité de l'esprit humain, dont le fond est toujours semblable, malgré la diversité des lieux et des temps. Celui de la seconde est l'intelligence de cette diversité même, et des transformations continuelles de la société.

Ce n'est pas seulement en littérature qu'on aperçoit l'action de ces deux principes; elle se retrouve dans tous les sujets auxquels s'applique notre entendement. En fait de morale, de politique, de philosophie, de religion, aussi bien qu'en fait de poésie et d'éloquence, celui-là a la vue trop courte et la pensée trop étroite, qui se fait le centre du monde, et qui rapporte tout à son point.

Ne nous renfermons donc pas dans les bornes de la vieille critique, embrassons avec confiance les vues nouvelles qu'on nous a faites, attachons-nous avec orgueil à ces enseignements qui ont agrandi notre horizon. Non pas que, dans ma reconnaissance pour les maîtres de notre âge, je veuille prétendre que la philosophie de l'histoire ne date dans le monde que d'hier. Sans sortir des considérations purement littéraires, ne voyons-nous pas Tacite, dans le Dialogue des Orateurs, montrer comment la face de l'éloquence a dû changer avec celle de l'Empire, et combien il serait injuste et impossible de forcer les fils à repasser par toutes les traces de leurs parents? Dans les temps modernes, tous les grands esprits ont eu plus ou moins la conscience de ce travail de la pensée de l'homme qui enfante sans cesse ; mais nul ne l'a mieux vu que Voltaire, et nul ne l'a mieux fait voir ; c'est un des plus grands bienfaits de son génie. Il arrache continuellement l'homme au lieu et au moment où il cherche à prendre position, pour le replacer dans le train universel qui l'emporte ; c'est le Copernic du monde moral. Cependant il n'a pas assez fait encore, du moins en littérature, et l'œuvre n'a été achevée que de notre temps.

Mais un complet abandon aux entraînements de la méthode historique ne serait pas moins dangereux qu'une timide immobilité. Ne perdons pas de vue nos principes : il est également certain, et que l'homme varie toujours, et que l'homme pourtant est toujours le même. Ce qu'il y a en lui de changeant, c'est l'histoire qui peut le saisir et le suivre ; ce qu'il y a de fixe et de constant appartient à la théorie. Appliquons cela à la poésie et à l'éloquence. Elles auront, suivant les divers états des âmes, de nouveaux moyens d'action, des ressources nouvelles pour les enchanter ou les soumettre ; mais ces âmes seront toujours des âmes humaines, faites de la même substance, également composées de sensibilité et de raison. Si, analysant cette raison et cette sensibilité, nous en démêlons les éléments les plus simples et les dispositions premières ; si, au lieu de nous attacher aux apparences fugitives par lesquelles la créature humaine amuse comme elle peut en passant son besoin de croire et d'aimer, nous portons nos regards sur les idées que ces apparences lui représentent, et par où elles l'attirent à coup sûr, nous composerons ainsi une poétique et une rhétorique pour lesquelles il n'y aura pas de changement. Par là, nous retiendrons des enseignements des maîtres ce qu'ils ont de plus élevé. Nous recommanderons au poëte, avec Aristote, d'avoir toujours sous les yeux la nature, mais la nature idéale et choisie; nous demanderons à son œuvre l'unité, car l'unité est la loi la plus générale de la pensée; nous désirerons que sa fable soit un champ de bataille où il mette aux prises les puissances les plus énergiques de l'âme humaine; que ses personnages soient vrais et nobles; que la sagesse repose au fond de ses discours; que son style réfléchisse la pureté, la grandeur, et jusqu'à l'agitation même de la pensée, comme l'image d'un objet mouvant se meut dans la glace d'un miroir. Pour l'orateur, nous le rappellerons sans cesse à la fin de son art, qui est de convaincre, et à son moyen principal, qui est le raisonnement. Nous rechercherons avec lui les principes sur lesquels le raisonnement se fonde, et ces axiomes du sentiment, non moins impérieux que les axiomes de la science. Nous lui définirons les idées morales, ou nous l'exercerons à les définir; nous l'habituerons à nouer, par les nœuds de l'argumentation, les différentes portions de sa pensée : nous étudierons les secrets de ce style oratoire, moins magnifique que celui du poëte, et non moins puissant, qui n'éblouit pas, mais qui éclaire et qui échauffe. Voilà les préceptes et les observations que développera de préférence celui qui aura l'honneur d'être chargé d'un haut enseignement. Il fera bien, je le crois, de ne pas les présenter toujours sous une forme abstraite et dogmatique, mais de les rendre sensibles par les exemples des grands écrivains. Il ne dédaignera pas même une tâche plus humble, mais encore utile. En

lisant, en développant les chefs-d'œuvre, il y fera remarquer l'application de règles moins hautes, moins
absolues, mais heureusement pratiquées dans telles ou
telles conditions. Il ne craindra donc pas les détails, et
quélquefois, souvent même, il abandonnera, pour s'y
livrer, ces considérations plus vastes où la méthode historique se déploie. Il préviendra surtout ses auditeurs,
il tâchera de se défendre lui-même contre les erreurs où
peuvent conduire d'ambitieuses généralités.

On le comprend tout de suite, en effet; si l'écueil de
la vieille rhétorique est la superstition et la routine,
celui de l'histoire est le scepticisme et l'indifférence. A
force de se dire que tout change sans cesse, il est à craindre qu'on ne se persuade que tout est bon à son tour.
L'enseignement historique de la littérature ne nous fait
pas assez souvent qu'il y a un bon goût et un mauvais
goût, comme il y a un bon sens et un mauvais sens ; la
théorie, appuyée sur la critique de détail, ne nous per-
mettra pas de l'oublier. Le commerce habituel d'un
honnête homme fait qu'on croit à la vertu ; l'étude d'un
bel ouvrage, et la réflexion sur ses beautés, produit sur
l'esprit un effet semblable, en inspirant l'amour du bon
et le dégoût du mauvais. L'histoire elle-même, quand
elle néglige la critique de détail, se méprend et se four-
voie. N'avons-nous pas vu des esprits bien pénétrants,
en présence de l'Iliade, étourdis et aveuglés au point de
prendre l'œuvre vivante d'un génie sublime pour le
produit capricieux du hasard et du temps? S'ils s'étaient
rappelé les réflexions d'Aristote sur la composition de
ce poëme, s'ils avaient relu les vers d'Horace et de Boileau, s'ils avaient étudié l'Iliade et l'Odyssée comme
Mme Dacier ou comme Rollin, si seulement ils s'étaient

récité de suite à eux-mêmes ces beaux vers, ils auraient guéri de cette maladie ; et l'éblouissement que leur causait, dans l'histoire, le spectacle confus de plusieurs époques obscures et dissemblables se serait dissipé. Que cette leçon nous profite ; ne nous tenons pas trop à distance des grands écrivains ; approchons-nous, touchons-les, pratiquons-les, ne fût-ce que pour nous assurer qu'ils ne sont pas de pures idées, et qu'ils ont reçu de la nature un cerveau qui travaille comme le nôtre et un cœur qui bat comme notre cœur.

TABLE.

FIN.

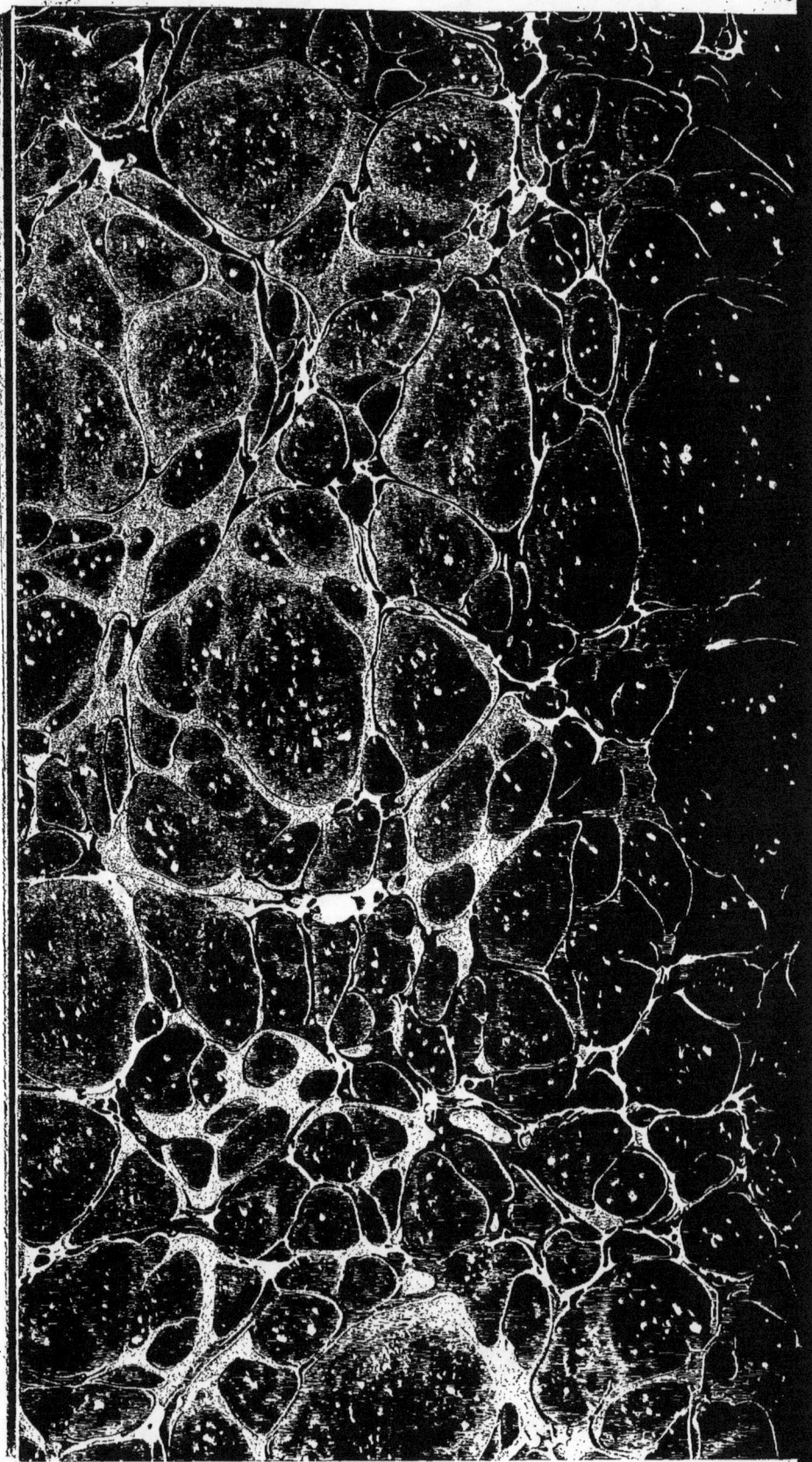

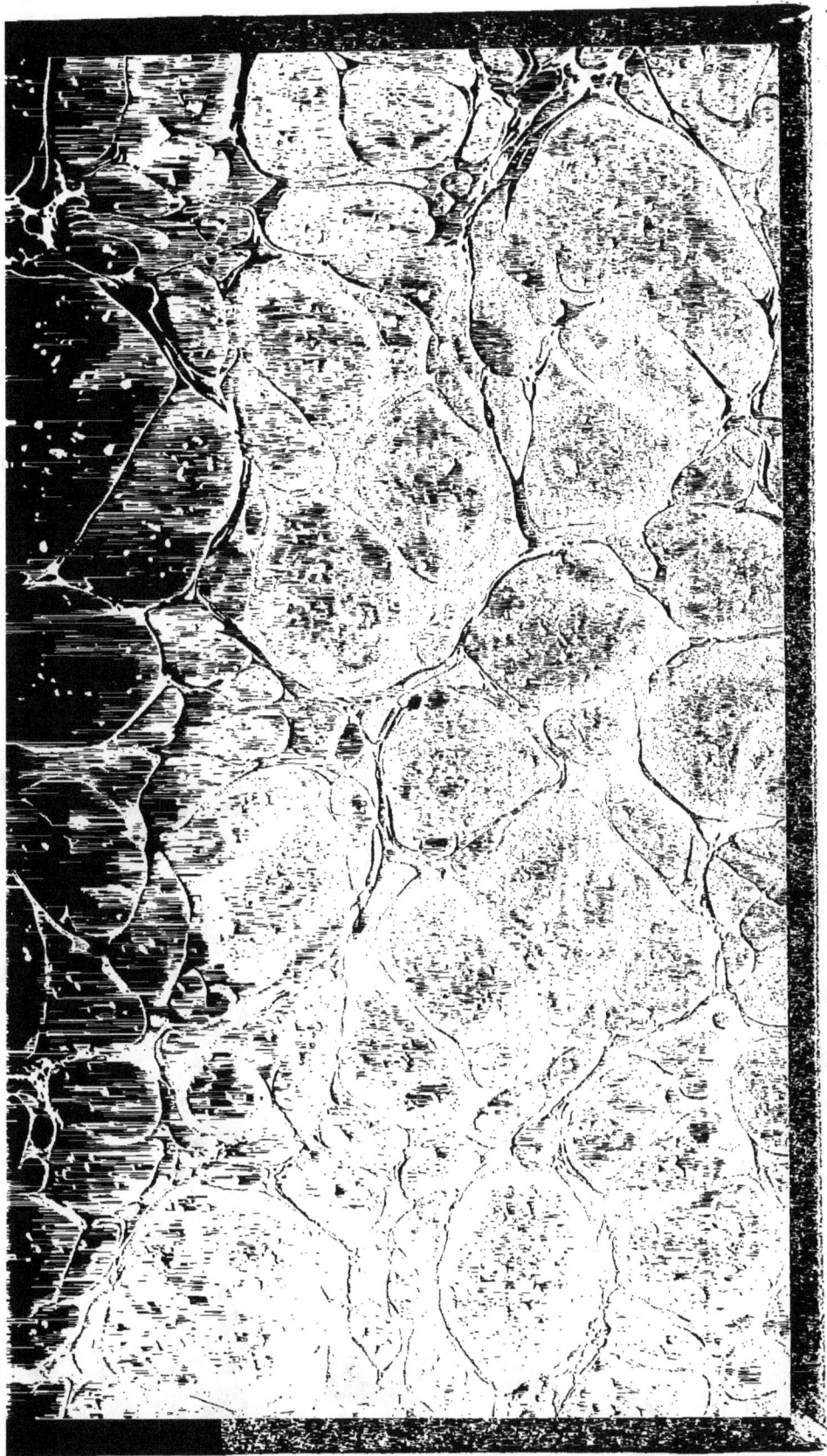

www.ingramcontent.com/pod-product-compliance
Lightning Source LLC
Chambersburg PA
CBHW070754290326
41931CB00011BA/2006